Guido Bagatta

In volo con il Prescelto

Io e LeBron James ad alta quota

CAIRO

Testi in collaborazione con Andrea Mercurio

ISBN 978-88-309-0439-2
Prima edizione: novembre 2024

IN VOLO CON IL PRESCELTO

A Umberto
e ai nostri primi palleggi insieme

Introduzione

Da anni, oramai, la domanda che mi viene fatta è sempre la stessa: «Quale è stato il miglior giocatore di pallacanestro di tutti i tempi?». A seconda dell'età del mio interlocutore, i candidati posso variare da Kareem Abdul-Jabbar a Julius Erving a Magic Johnson, passando poi ovviamente per Michael Jordan e Kobe Bryant, per arrivare inevitabilmente a LeBron James. Chiunque io abbia davanti in quel momento ha già la sua risposta in mente e attende da me solo una conferma. A differenza del calcio, dove, nonostante Messi, Ronaldo o Mbappé, nessuno si azzarderebbe mai a mettere in dubbio il dualismo tra Pelé e Maradona per il migliore di sempre, nel basket, come dicono dall'altra parte del laghetto, *The jury is still out.* Una sentenza non è ancora stata formulata. In effetti è così. Ovvio che per i più giovani Magic o Bird (figuriamoci Doctor J) sono solo dei nomi sentiti qualche volta, magari dal padre con gli amici. Per i ragazzini, che il giocatore sia in attività fa la differenza, anche perché possono seguire i loro preferiti sui social, quotidianamente. Tralasciando i nuovi arrivi degli ultimi anni, che avranno tempo per contendersi i fan di mezzo mondo, per la Generation Z come per i Millennial, caduto piano piano nel dimenticatoio il povero Kobe Bryant, sembra che LeBron James sia il nome più ricorrente. Come spesso mi trovo a spiegare, nella pallacanestro NBA, ogni candidato come MVP di tutti i tempi, deve essere valutato per ciò che ha lasciato nel mondo della palla a spicchi a trecentosessanta gradi, quello che gli americani chiamano *Legacy*. Un vocabolo che include prestazioni, ma anche soprannomi che sono entrati nella storia dello sport. Così Julius «The Doctor» Erving è stato il primo grande showman della NBA, quello che ha contribuito, in maniera fondamentale, ad avvicinare quel pubblico distratto che del basket professionistico sapeva poco o di cui, addirittura, non aveva mai sentito parlare. Grazie a lui la NBA, che stava quasi per fallire, ha intrapreso la strada del successo planetario di cui oggi stiamo tutti godendo. Allo stesso modo, «Magic» Johnson ha fatto capire al mondo intero che nel ruolo di playmaker poteva giocare anche uno alto due metri e sei e pesante centoventi chili stravolgendo, con la sua presenza, tanti preconcetti che resistevano da sempre, come quello che un play non avrebbe mai potuto giocare pivot e viceversa. E ancora Michael «Air» Jordan, che, contro i tanti che gli avevano predetto una buona carriera, ma non ai livelli che abbiamo visto tutti, è stato il primo giocatore imprenditore di se stesso. Non solo con scarpe a lui dedicate, come aveva fatto già prima l'Adidas con Jabbar e la Converse con Magic e Bird, ma con una linea di sneakers e abbigliamento che, a un certo punto, è diventata così grande e potente da avvicinarsi da sola all'intero fatturato della stessa, superando nettamente quello di Puma e Reebok.

Poi c'è Kobe «Black Mamba» Bryant, il ponte definitivo tra il basket che c'era e quello che ci sarà ancora per tantissimo tempo. Anche lui con un brand come Jordan, anche lui con un sorriso a mille denti come Magic. Un ponte, quello del Mamba, che stanno attraversando in molti, giovani o veterani, in una lega che sta andando non bene, benissimo, oltre a ogni aspettativa, soprattutto grazie a loro. Tra questi c'è, e ci mancherebbe, anche LeBron James, «The Chosen One», il Prescelto, come recita il primo dei suoi tanti tatuaggi che sfoggia sul corpo, fatto quando era ancora minorenne. LeBron, rispetto a chiunque lo abbia preceduto sul legno duro della lega, ha una cosa in più. Nonostante tutte le novità che ciascuno degli altri quattro ha portato alla pallacanestro, nessuno, infatti, ha mai potuto o voluto (ma nemmeno solamente pensato di), giocare in tutti i cinque ruoli del basket, in attacco e in difesa. LeBron sì. LeBron gioca (da fenomeno) ovunque.

Ero inginocchiato sul parquet del mitico «Spectrum» di Philadelphia, sotto canestro, quando, nel 1980, vidi Magic giocare da pivot in quella memorabile gara-sei contro i Sixers. Sostituì Jabbar e segnò quarantadue punti, prendendo quindici rimbalzi, che portarono i Lakers alla vittoria nella serie finale. Mai visto niente del genere, prima, e ovviamente poi. Però è accaduto una sola volta. Magic non è mai stato davvero pericoloso col tiro da fuori. LeBron sì, tra l'altro aumentando il suo volume di gioco da esterno col passare del tempo e non perché, con l'età che avanzava, non era più in grado di portare l'avversario al ferro, no. Voleva dimostrare al mondo intero che lui, solo lui, poteva davvero fare qualunque cosa su un campo da basket NBA. Non lo consideravano un tiratore, lui ha fatto vedere di essere anche quello.

Era un uomo tra i ragazzi, quando ha iniziato. Oggi, a quarant'anni, sembra un ragazzo tra gli uomini. La costante, comunque, è che è sempre stato, e sarà sempre, un grande. Un grande tra i più grandi della storia del basket e nella storia di chiunque ami questo sport. Una storia come questa.

1

Mi ero fidato, anche quella volta, e avevo prenotato il più classico degli Uber per andare a Fiumicino. Vista l'assurda situazione dei taxi romani, non dico fosse una scelta obbligata, ma quanto meno priva di alternative soddisfacenti. Il Leonardo Express, magari scomodo e quasi sempre con i turisti compressi nei vagoni, cosa che lo rende più simile alla metropolitana di Tokyo che a un treno di casa nostra, sarebbe stata sicuramente una scelta più smart, ma, con la prospettiva di un viaggio intercontinentale, non avevo affatto voglia di anticipare le già provanti venti ore di travaglio che mi attendevano. Così, già seduto in macchina, avevo salutato Mario, il compagno di merende dei miei anni rock 'n roll, che come sempre mi aveva ospitato nei miei soggiorni romani. Ero così eccitato da ciò che stavo andando a fare che, per allontanarne il pensiero, mi ero messo a dormire sul sedile dell'auto, senza troppa fatica, visto che erano le sette di mattina e io ero andato a letto ben oltre le quattro. Avevo passato la notte in compagnia degli Oklahoma City Thunder e del mio idolo nascente, Shai Gilgeous-Alexander.

Bollito da NBA, ma felice come accadeva da oramai più di cinquant'anni, per aver visto, ancora una volta, lo spettacolo più bello del mondo.

Abbandonato tra le braccia di un Morfeo in canotta e sneakers, ero stanco ma felice perché stavo per rifare quello che negli anni Ottanta era una meravigliosa routine. In quel periodo, ogni volta che capitava l'occasione (spesso la scusa) per saltare su un aereo e andare in America per ragioni «sportive», non ci pensavo due volte. Finali NBA, Final Four del college, finali delle università di football, il Superbowl, ma anche tornei di liceali, partite di hockey su ghiaccio, gare di marmotte, valeva davvero tutto. Il Milano-New York con le mitiche e poi fallite TWA e Pan Am era diventato una specie di piacevole abitudine tanto che, dopo un po', conoscevo una buona parte degli equipaggi. Mi ero persino fidanzato con una hostess, a forza di incontrarla a bordo. Si chiamava Maurine, della North Carolina, ex «Rockettes» del Radio City Music Hall e ovviamente, vista la provenienza, grande appassionata di pallacanestro.

«Oh, ma che succede?»

L'Uber aveva inchiodato di colpo, tirandomi violentemente fuori dal mio sonno.

«Scusi, sa» si era giustificato l'autista quasi imbarazzato «ma c'è un ingorgo.»

«Altro che ingorgo, questo è il Vallo di Adriano. Una fortificazione con macchine, camion e mezzi pubblici al posto delle pietre» gli avevo risposto.

«Signor Bagatta, mi dispiace ma Waze non prevedeva un casino simile. Adesso che l'ho riavviato, invece, mi segnala l'incidente che sta provocando tutto questo. Peccato che oramai ci siamo in mezzo. Da quando Google ha acquisito Waze è tutto peggiorato.»

«Sta a vedere che adesso attacca con la storia del governo ladro e che qui un tempo era tutta campagna.»

«Non è la prima volta che mi capita. Quando i navigatori sono in ritardo sulle segnalazioni, per noi è un problema, soprattutto a Roma, dove già di alternative ce ne sono poche. Se uno lo sa prima, almeno, può ancora tentare…»

«Come tentare, oh! Tentare cosa? Perché?»

Fino a quel momento l'avevo ascoltato in silenzio, un po' perché ero tarato sul fuso orario di Oklahoma City e un po' per non dargli troppa corda in una conversazione che non mi avrebbe portato da nessuna parte. Nemmeno a Fiumicino. La sua espressione, aggravata dalla mano sulla fronte, mi aveva però messo un principio di apprensione che avevo tentato di disinnescare con un rapido calcolo delle ore: «Non si preoccupi, tanto abbiamo tempo. Il mio volo parte alle dieci e venti».

Il mio orologio segnava le sette e mezza. «Abbiamo tempo.» Gli avevo fornito un assist per rassicurarmi, ma lui non lo aveva colto.

«In un'oretta ce la facciamo, giusto?»

«Mi dice alle dieci, signor Bagatta. Le dieci.»

«Come le dieci? Più di due ore per fare manco trenta chilometri?»

«Non so come risponderle.» Era mortificato. «Non capisco. E il tempo continua ad aumentare. Guardi qui, guardi. Da quando me lo ha chiesto la prima volta, ci sono già tre minuti in più.»

Non ci potevo credere. Sono poche le cose che odio nella vita e tra queste ci sono giusto le code in autostrada e l'incubo di perdere un volo, un treno, una coincidenza. Di notte, una situazione come quella in cui mi trovavo è il mio sogno ricorrente, un po' come per altri ripetere l'esame di maturità. Quella volta, però, la realtà era peggiore dell'incubo. Non rischiavo di bucare un appuntamento, ma un appuntamento con la storia.

Se Waze non si stava sbagliando, avrei sicuramente perso il volo per Los Angeles, anche se, magicamente, l'Uber mi avesse portato sotto il finger. Con il volo stava partendo, senza di me, l'idea fiabesca di celebrare nel migliore dei modi, almeno per me, i quarant'anni di LeBron James, il quinto del superpoker che ha creato e lanciato la pallacanestro di oggi, con Julius Erving, Magic Johnson, Michael Jordan, Kobe Bryant. Il mio immenso sogno d'amore per il basket NBA stava prendendo il volo. Senza di me.

2

Roma-Francoforte-Los Angeles. Arrivo previsto: tardi.

Roma-Londra-Los Angeles. Arrivo previsto: tardissimo.

Non c'era nessun altro volo diretto da Fiumicino per la California e qualunque altra soluzione con una coincidenza nel tragitto non mi avrebbe portato in tempo al mio appuntamento. Me l'aveva detto Karin, che da anni, più che una segretaria, è la mia vittima preferita, incaricata di raddrizzare tutto ciò che non va per il verso giusto e, in una vita più frenetica dei veicoli sul grande raccordo anulare, ha il suo bel dal fare.

Da mesi fremevo all'idea di festeggiare dalla tribuna i quarant'anni del Prescelto, magari anche con una gran partita di Bronny, a fianco di suo papà, e me la sarei persa. Mentre l'autista cercava di farsi largo nel traffico come Mario Kart, tentato dal desiderio di speronare qualche veicolo a fianco, cercavo con Karin ogni possibile disperata soluzione. Niente. Non ce n'era neppure una. Alla fine, quasi per miracolo, il mio Uber era riuscito a condurmi nella terra promessa (promessa da Waze) quaranta minuti prima del decollo, forse comunque troppo tardi per l'imbarco. Era stato un buon compagno di viaggio. Aveva parlato decisamente meno della media dei suoi colleghi tassisti, limitandosi a qualche domanda sulla mia fede calcistica, la cui risposta (sono sampdoriano), aveva annacquato la conversazione lasciandola galleggiare in ampie chiazze di silenzio.

Poi, improvvisamente, prima di imboccare un pezzetto del raccordo, era stato colto da illuminazione: «Ho capito. Scusi, non l'avevo riconosciuta, ma ora ho messo a fuoco la voce. La ascolto sempre in radio».

Così aveva riacceso il dialogo, virando sul basket.

«Chi è il miglior giocatore di tutti i tempi?»

«Oddio, non ce l'ha una domanda di riserva? Dovrebbe prendere l'aereo con me per ascoltare tutta la risposta.» Avendo capito il problema, si era quindi accontentato di qualcosa di più, domandandomi come mai dopo i trionfi anni Ottanta del Banco e il breve momento di gloria del Messaggero, la pallacanestro di prima fascia, a Roma, era lentamente ma inesorabilmente sparita.

«Perché?»

A questa sua domanda avevo tentato di rispondere spiegandogli cosa era successo e quanto, comunque, il duello sull'asse Milano-Roma mancasse a tutto il mondo del basket italiano, quando il suo telefono, squillando, aveva fatto evaporare la conversazione.

Poco dopo averlo salutato, ero entrato all'inferno. Più che in una parte dello scalo internazionale di Fiumicino, credevo di trovarmi in un centro commerciale nel primo giorno dei saldi post-natalizi. Centinaia di persone, come api, sciamavano da una parte all'altra del salone, come se avessero perso tutte l'orientamento, contemporaneamente. All'inizio non avevo capito, poi, alzando la testa verso il tabellone luminoso delle partenze, il motivo di tutto quel casino mi era apparso improvvisamente, come una specie di Santo salvatore. Per un problema che aveva avuto la torre di controllo, tutti i voli avrebbero subito almeno un'ora di ritardo. Tra mille persone imbestialite per quello che stava succedendo, l'unico che non stava nella pelle ero io. Non avevo perso il volo e quell'ora di ritardo, anche se si fosse allungata di un po', non avrebbe compromesso nulla di quello che dovevo fare quella sera.

A quel punto non mi restava che utilizzare per la prima vola il mio Priority Pass (regalo natalizio anticipato della mia fidanzata) una specie di carta che ti permette di entrare nelle lounge di tutti gli aeroporti del mondo e non soffrire troppo di ritardi come quello che stava avendo il mio volo.

Dopo i controlli di rito e un po' di attesa, causata da tutte le altre persone che avevano in tasca un jolly come il mio, mi ero posizionato nell'unico tavolino ancora libero. Essendo passate le undici, l'idea era quella di farmi una specie di brunch, magari abbondante, in modo che, avendo già pranzato, una volta salito in aereo, avrei potuto recuperare le ore di sonno sacrificate la notte prima sull'altare dei Thunder. Davanti ai piatti della lounge, il virus della «spicchia» mi aveva però ripreso. Come non dare un'occhiata, infatti, all'ultima partita della notte, tra Clippers e Mavericks, della quale non avevo appositamente guardato il risultato? Insomma, mi ero apparecchiato ben bene, pranzetto perfetto con la app della NBA già avviata per vedermi quell'ora e quaranta di partita che avrebbe riempito praticamente tutta l'attesa per l'imbarco, che, nel frattempo, era stato posticipato di un'altra mezz'ora.

Nessun problema, avevo pensato mentre accendevo le cuffiette bluetooth. Con la tempistica, ci stavo ancora dentro.

Pronto per schiacciare il play sull'iPad, però, mi ero bloccato, dopo aver sentito una specie di tonfo, solo parzialmente attutito dagli auricolari. Alzando d'istinto lo sguardo mi ero trovato di fronte la figura di una signora sulla cinquantina, in forma, elegante, con il piglio e il modo di fare di una manager, pronta ad affrontare un importante viaggio di lavoro. Aveva il trolley aperto e stava cercando qualcosa.

«Mi scusi per il botto» si era rammaricata «ma 'sta cosa pesa davvero troppo e faccio fatica a sollevarla.» Parlando, aveva continuato a rovistare nella valigia, fino a quando ne aveva estratto un paio di cuffie «Dr. Dre», decisamente fuori misura per la sua testa abbastanza minuta e, soprattutto, più da «Club Dogo» che da business class. Di quelle che se anche crollasse il mondo attorno, neppure te ne accorgeresti, tanto tolgono il rumore esterno dal tuo cervello.

«Ah, menomale, senza queste io non riesco più a viaggiare» aveva affermato la signora indossandole, fermandosi poi per un attimo per chiedermi come fossero le uova sbattute che mi ero appena servito, come parte del mio brunch.

«Direi buone, considerato anche il contesto» avevo

risposto, cercando di essere il più cortese possibile, ma, nello stesso tempo, anche molto sintetico visto l'appuntamento con Luka Dončić che mi attendeva nel mio iPad.

«E il club sandwich?»

«Se intende quello al salmone, essendo vegetariano, non glielo posso dire. Ho preso la versione con le zucchine.»

«No, sa, perché, con tutto 'sto casino, non so se riuscirò a dormire all'arrivo, prima delle riunioni che mi aspettano, con i fusi sballati faccio sempre fatica, anche con il mangiare. Quindi, magari mi sazio adesso, salgo in aereo, prendo qualche goccia e saluto tutti.»

«Beh, viste le circostanze, mi sembra una buona idea. Penso di usare la stessa tattica.»

La signora si era quindi alzata per andare a servirsi per poi tornare al tavolo. Io, intanto, avevo finalmente schiacciato il tasto play, con Dallas che, pronti via, era già sul 7 a 0.

Trascorso qualche minuto, già bello preso dalla partita mi ero sentito toccare la spalla.

«Mi scusi se la disturbo ancora» aveva riattaccato la signora «ma ho appena finito una telefonata con mio figlio, al quale ho raccontato che l'avevo incontrata qui, in aeroporto, ma che non avevo il coraggio di presentarmi e raccontarle di quella volta. E lui mi ha detto che non avrei dovuto vergognarmi e avrei dovuto dirglielo.»

«Quella volta?» le avevo domandato, con tono curioso, ma anche stupito.

Inizialmente avevo capito poco, poi su una tripla di quelle che solo James Harden sa tirare, avevo interrotto la riproduzione della partita e, preoccupato per un incontro del quale non ricordavo nulla, ma che dalle premesse poteva essere stato in qualche modo delicato, le avevo domandato che cosa avrebbe dovuto dirmi.

«No guardi, non si preoccupi, mi viene quasi da ridere per come gliel'ho preparata. No no, io e lei non abbiamo avuto una storia da giovani, nulla di tutto questo. Comunque, sicuramente, lei non si ricorderà di me…»

«Così su due piedi no, ma se mi fornisce qualche indizio magari ci arrivo e posso comprendere.»

«Intanto piacere, sono Francesca. Io sono quella mamma che, una ventina di anni fa, l'aveva avvicinata, in corso Sempione a Milano, di fronte a Radio Deejay. Ero con mio figlio che allora aveva otto anni…»

Ancora non capivo dove la signora manager volesse arrivare ma, per cortesia, l'avevo lasciata andare avanti, senza interromperla.

«In quel periodo lei aveva fatto delle videocassette per la Disney, dove raccontava i parchi a tema americani e tutto quello che ci si poteva trovare. Le cassette poi le regalavano in allegato con le riviste di viaggi…»

Sempre buio totale.

«Mio figlio, al tempo, era talmente appassionato dei personaggi della Disney che quella cassetta l'avrà vista decine di volte; lei era diventato il suo idolo. Così, quel giorno, quando l'ha riconosciuta è come se avesse visto una specie di supereroe. Sono stata costretta a presentarglielo. E lui era come impazzito.»

Improvvisamente mi si era accesa una lampadina, anzi un lampadario. Quella che la signora mi stava raccontando era una delle storie più assurde che mi siano mai capitate. Quel bambino, per un'ora abbondante, mi aveva chiesto qualsiasi cosa sui *carachters* della Disney e sulla loro vita, immaginandosi che, siccome mi aveva visto in video vicino ai pupazzi di Topolino, Pippo, Paperino e compagnia cantante, io avrei dovuto sapere tutto su di loro.

Mi aveva letteralmente bombardato di richieste, chiedendomi cose del tipo: «Ma Pippo, per che squadra tifa? Topolino dorme con Minnie? Paperino, a casa, ha la piscina, o usa quella del tennis club?».

Ero uscito stremato da quello stillicidio di domande assurde, anche perché, a un certo punto, vedendo che il bambino si trovava così bene in mia compagnia, la signora mi aveva chiesto se potevo restare lì assieme a lui e al suo labrador (anche il dog sitter mi aveva fatto fare), mentre lei avrebbe sbrigato un paio di commissioni «velocissime, ma troppo importanti».

Non avevo fatto in tempo a rispondere, che bambino e cane erano rimasti con me, sotto gli alberi di corso Sempione, mentre la mamma era sparita in un amen, per non tornare prima di una ventina di minuti.

«Non può aver dimenticato, vero?» mi aveva nuovamente domandato.

«Ma certo, signora, come avrei potuto scordarvi.»

«Pensi che mio figlio, che adesso ha quasi trent'anni, la segue ancora, ovviamente su Radio Deejay, ma anche per il basket. Ci ha giocato per qualche anno, poi, visto che non era così forte in campo, ha cominciato a fare l'allenatore. Adesso è in America, lavora in un Junior college, almeno credo che si dica così» aveva proseguito cercando una mia conferma.

«Sì, sì, Junior college, magari gli studenti non sono proprio dei piccoli Einstein, ma a livello di gioco, ogni tanto, escono dei giocatori molto interessanti.»

«Quindi ha fatto bene?»

«A fare che cosa?»

«A mollare tutto in Brianza per buttarsi in questa avventura. Sa, lui è un tipo molto curioso, intraprendente e, finita l'università, non ha voluto sentire ragione. Dopo l'estate scorsa passata in un camp in Arizona, gli è arrivata questa offerta ed è partito. Piuttosto lei, mi racconti un po' di dove sta andando, magari a Disneyland...» Le era scappata una specie di battuta, portandosi la mano davanti alla bocca, quasi per coprire il sorriso.

«No signora, niente Disney, da ormai tanti anni. Vado a vedere una partita, ovviamente di basket. Per la prima volta c'è uno che gioca assieme a suo figlio.»

«Ma che bello, se mi posso permettere, dove è diretto, che magari abbiamo lo stesso volo?»

Quel solo pensiero, visto come si stava sviluppando l'incontro, mi aveva già messo ansia addosso.

In una simile circostanza, il mio perfetto piano di un viaggio riposante, con un bel film, un buon sonnellino e magari ancora una partita sul tablet, si sarebbe sgretolato. Però non potevo non risponderle.

La risposta era un lancio di dadi. Mentre parlavo li vedevo ruotare sul panno verde del casinò, sperando uscisse la combinazione vincente, cioè un volo diverso dal suo.

«Vado a Los Angeles. E lei?» Avevo le dita incrociate, dietro la schiena. I dadi si erano fermati: «Io, purtroppo, vado invece a San Francisco».

«Sìììì.» La voce mi era uscita silenziata dagli occhi trionfanti. Un muto grido di vittoria.

«Le avrei fatto molto volentieri compagnia, sa» continuava «era simpatico vent'anni fa, lo è forse ancora di più adesso.»

Che respiro di sollievo. Non perché volessi fare il fenomeno, anzi, parlare con la gente, soprattutto di basket e di America, mi piace eccome, ma quel giorno avevo altro per la testa. Se tutto fosse andato per il verso giusto, poche ore più avanti avrei potuto conoscere il Prescelto, in un altro incredibile capitolo della sua vita. Lui, come Jordan, Magic e Kobe e il capostipite Doctor J, era parte della mia vita praticamente da sempre. Ogni episodio che si fosse aggiunto ai tanti già vissuti sarebbe stato un dono divino. Come la voce che mi chiamava all'imbarco.

«Arrivederci signora, è stato un piacere.»

3

Economy Plus, per volare comodi sui voli transoceanici, senza svenarsi come per la Business. È un po' il segreto di pulcinella. Peccato che questo dettaglio fondamentale per chi viaggia molto, alla fine, lo abbiano capito anche le compagnie aeree e, in meno di un anno, ne hanno praticamente raddoppiato il costo, così come, in media, hanno alzato di molto il prezzo di business e prima. Sono rimaste più o meno invariate, invece, le tariffe per l'Economy pura, che però, da qualche anno, ho deciso di escludere per i voli superiori alle quattro ore. Come diceva Gigliola Cinquetti negli anni Sessanta «Non ho (più) l'età» e, soprattutto, le ginocchia e la schiena di una volta. Quindi, largo allo spazio per poi arrivare a destinazione in condizioni decenti, senza bisogno di improbabili esercizi di stretching sul posto. In particolare, poi, quel viaggio esigeva, molto più di qualsiasi altro, uno stato fisico e mentale vicino alla perfezione. Accompagnato da una assistente di volo gentile e cortese, come ai tempi in cui i voli low cost dovevano ancora essere concepiti, mi ero seduto al mio posto. Finestrino come sempre, vista la mia passione per cercare di capire, tempo permettendo, che parte del mondo stavamo sorvolando. Fino a pochi secondi dal fatidico e classico annuncio «Imbarco terminato», il sedile accanto al mio era rimasto vuoto. L'abitudine e un pizzico di scaramanzia mi avevano suggerito, però, di non cantare ancora vittoria. Troppo spesso ero stato fregato sul fotofinish, con l'ultimo passeggero imbarcato che era finito proprio accanto a me. Questa volta, però, sembrava essermi andata bene. I portelloni stavano ormai per chiudersi e i primi annunci generici sulle procedure di sicurezza erano usciti puntuali dagli altoparlanti. Curiosamente, l'Economy Plus era piena, tranne proprio i posti 14 b e 14c, quello al mio fianco e quello poco più in là, passato il corridoio.

Mi ero guardato attorno e, riflettendo sul piccolo colpo di fortuna che avevo avuto, mi ero messo comodo, appoggiando borsa e iPad sulla seduta di fianco, non prima di aver ricalcolato che, alla fine, il ritardo aveva oramai superato le tre ore. Pianificando le mie mosse future sul da farsi, una volta arrivato a Los Angeles, avevo appena socchiuso gli occhi, quando la stessa hostess che mi aveva accompagnato poco prima al posto mi si era avvicinata, piegandosi verso di me: «Le chiedo scusa per il disturbo, ma avremmo bisogno di sistemare in cappelliera il suo bagaglio. Dobbiamo spostare due passeggeri dalla classe Economy perché il loro sedile è rotto e non si blocca in posizione eretta. Gli unici posti liberi in tutto l'aeromobile sono questi, vicino a lei».

Anche questa volta, la versione volante della «Legge

di Murphy» ci aveva visto molto bene, con il mio sogno di volare ancora più largo e tranquillo del previsto che era svanito come un *buzzer beater* per vincere una partita. Poco dopo, come annunciato, era arrivato il mio nuovo vicino di posto. Avrà avuto una cinquantina d'anni, vestito in jeans e camicia, con un paio di All Star rosse. Cercando di sistemare il suo trolley, dalla forma e dal colore curiosi per una persona adulta e, tra l'altro, decisamente fuori misura, aveva quasi decapitato la signora che sedeva dietro di lui. Mosso a compassione (più per la passeggera semighigliottinata che per lui), ero intervenuto per aiutarlo, completando l'operazione senza vittime. Il mio *beau geste* aveva contribuito a rompere il ghiaccio con colui che, pensavo, sarebbe stato il mio compagno di viaggio. In maniera molto cortese, lui si era subito scusato per il disturbo, spiegandomi che, se fosse stato per lui, il cambio di posto non l'avrebbe proprio fatto: «Quando sei giovane devi imparare a adattarti, anche se sei quasi due metri. Mi dispiace, capisco lei, che invece stava già sicuramente pensando di farsi un viaggio solo e tranquillo».

«Ma no, si figuri, sono cose che capitano, viaggiando spesso. Quindi, nessun problema, piuttosto, io sono Guido, piacere.»

Seguendo le regole della buona educazione, mi ero presentato porgendogli la mano, che lui, però, aveva cortesemente negato: «Non c'è bisogno di presentarsi, io di lei so tutto, anche perché sono un grande appassionato di basket, e ho giocato, per parecchi anni. Cosa che sta facendo anche mio figlio».

Mentre stavo cercando di capire a che cosa si stesse riferendo, da dietro la paratia che divide l'Economy dalla Plus erano spuntati due ragazzini, entrambi magri, molto simili tra loro: due spalle davvero quadrate, ma, soprattutto, alti. Molto alti. La faccia era quella dei teenager, ma il corpo dimostrava qualche anno in più.

«Lui è mio figlio Federico, quello che in realtà le ha rotto le scatole con questo cambiamento, anche se non l'ha fatto apposta.»

«E io sono Niccolò» si era inserito l'altro «un amico di Federico. Piacere.»

Si erano fatti conoscere porgendomi una mano davvero enorme. Stringendola a tutt'e due, mi ero presentato anch'io.

«Non dirmi che non hai riconosciuto il signore. Non mi far fare figuracce.»

«Pa', dai. Non credo...»

«Nemmeno tu, Nick?»

«Mhhh, no.»

«Dai pa'» voleva chiarire Federico «perché dovremmo conoscerlo?»

Il padre aveva tentato di guidarlo verso la soluzione: «Che sport fai nella vita?».

«Che domanda, gioco a basket.»

«Niccolò?»

«Beh, anch'io. E quindi?»

«Quindi, il signore è Guido Bagatta. Io e il nonno siamo cresciuti con le sue telecronache, non solo di pallacanestro, ma anche di football americano.»

«Ma io non ero nemmeno nato.»

«Sì, vero, ma c'eri eccome in giugno per la finale tra

Milano e Bologna, che abbiamo visto insieme in tv. Lui era a bordo campo.»

Cercando di sfuggire al suo indice puntato, un po' spiazzato e imbarazzato, ero andato con lo sguardo verso la hostess sorridente per il siparietto a cui aveva assistito.

«Senta» avevo detto al padre, cercando di togliere i ragazzi dall'imbarazzo «facciamo così: ormai io Federico e Niccolò ci siamo conosciuti e se avranno voglia di fare due chiacchiere con me, in dodici ore di volo avremo mille occasioni per parlare, di basket ovviamente. Tanto lei credo proprio che adesso debba scendere, altrimenti parte con noi.»

«Non si preoccupi, in realtà, oltre a essere il papà di Federico, faccio parte del personale di terra di Fiumicino. Oggi, per me, è un giorno speciale, ma mi capita spesso di essere l'ultimo a scendere, prima del decollo...»

«E i due sedicenni a chi sono affidati?»

Memore dell'episodio di vent'anni prima, appena riemerso, avevo subito lanciato l'allarme, venendo subito tranquillizzato dalla hostess: «A noi, non si preoccupi. Comunque adesso dobbiamo proprio chiudere il portellone, altrimenti perdiamo lo slot per il decollo. Già siamo in ritardissimo, figuratevi se manchiamo anche quello. Il comandante ci molla qui».

Il padre, recepito il messaggio, stava per abbandonare l'aereo, non senza congedarsi: «In volo, poi, se vorranno, Federico e Niccolò le racconteranno dove stanno andando. È una bella storia di basket, le piacerà».

In attesa che la nostra conversazione potesse eventualmente andare avanti, il Boeing 777 che ci avrebbe portato in California si era finalmente staccato dal finger ed era oramai quasi posizionato per il rullaggio.

Poco dopo il distacco dalla pista di Fiumicino, con il ragazzino ancora a bocca chiusa, avevo improvvisamente realizzato a cosa potevo andare incontro se gli avessi chiesto motivo, lunghezza e scopo del loro viaggio. Ammetto che ero molto curioso, ma nello stesso tempo preoccupato. Se fosse partita la conversazione, non mi sarei riposato. Oddio, anche se i due non fossero stati molto loquaci, mi sarebbe forse andata meglio che avere di fianco la signora della lounge e i suoi ricordi persi nel tempo, comunque, il mio primo obiettivo era quello di dormire almeno sei ore sulle dodici di volo. Per questo avevo in tasca le «gocce magiche», quelle che ti stendono appena toccano la lingua, vecchio retaggio degli anni in cui vivevo più in aereo che a terra. Per dare ai teenager fuori misura un segnale educato ma deciso, mi ero quindi subito messo le cuffiette e avevo aperto il mio iPad. In più avevo chiamato un'assistente di volo per dirle che non avevo intenzione di mangiare e che quindi desideravo non essere disturbato. Il tutto l'avevo scandito con un discreto timbro di voce, tanto per essere sicuro che anche Federico e Niccolò sentissero bene.

«Certo, signore» mi aveva risposto sempre la stessa hostess. «Vuole che le porti qualcosa al volo, adesso?»

Qualcosa «al volo», detto da una hostess, fa sempre sorridere, creando la giusta predisposizione al viaggio che desideravano.

«Ma sì, grazie, una Coca.»

«Con ghiaccio e limone?»

«No grazie, liscia, se è già fredda.»

«Anche per me, allora.»

Il mio vicino, il figlio dell'uomo con le scarpe rosse, si era aggrappato alla mia richiesta, condividendo la scelta: «Sempre senza. Papà mi ha detto che in America ti riempiono ovunque di ghiaccio» aveva aggiunto. «Almeno qui, visto che in teoria siamo ancora in Italia, il ghiaccio provo a evitarlo. Giusto, signor Guido?».

Stavo per rispondergli che «signor Guido» suonava veramente male, ma poi avevo lasciato perdere, affidando ai pensieri la mia risposta: «Va bene così. Basta che non si arrivi allo zio Guido».

4

Dopo aver consumato insieme ai miei «ospiti» le nostre Coca-Cola, rigorosamente senza ghiaccio, ero pronto, finalmente, a riposare un po'. La stanchezza iniziava a farsi sentire in tutta la sua pesantezza, al punto che mi ero quasi scordato di riaprire il tablet per vedere come fosse finita Clippers-Dallas. Ma sì, avevo pensato, di partite nei prossimi giorni ne vedrò eccome, quindi non c'era bisogno di andare in overdose, come spesso mi capitava sul divano di casa.

Prima, però, volevo comunque sapere che cosa ci facessero qui i teenager e quale fosse il loro prossimo destino. Ero troppo curioso. «Federico» avevo detto al mio vicino prima che indossasse le cuffiette «magari papà si aspettava che mi avresti fatto tu delle domande, invece, guarda, invertiamo le parti: sono io a chiederti di raccontarmi dove stai andando. Presumo, ma potrebbe anche non essere così, per giocare a basket, o no?».

«Sì, certo, direi a imparare a giocare a basket. La mia destinazione è una high school dalle parti di Hollywood, in California.»

«Dai, ma che storia…»

«Eh sì, anche se, come mi hanno scritto in una mail, per questa stagione non sanno se sarò ancora elegibile. Speriamo di farcela, almeno per la prossima.»

Federico si stava sciogliendo con le parole. Notavo che, almeno all'apparenza, gli faceva piacere condividere con qualcun altro questa sua esperienza.

«E fino Hollywood, come ci sei arrivato?»

«Attraverso papà, conosce bene Simone Giofrè, il General Manager di Treviso, che ha molti contatti con l'America.»

«È anche amico mio, Simone. Hai iniziato la tua avventura con il piede giusto, data la competenza di chi ti ha organizzato l'esperienza.»

«Lo dice anche mio padre.»

«E in che ruolo giochi?»

«Tutti mi vogliono far stare sotto, perché sono sempre stato il più alto della mia età, ma a me piace giocare fuori. Visto che, magari, dovrò stare a guardare per un po', in California avrò tempo di capire se mi sarà possibile, altrimenti mi adeguerò.»

«E hai sedici anni, giusto?»

«Diciamo quasi sedici, fra due settimane è il mio compleanno.»

Federico, oltre che essere fisicamente più sviluppato dei ragazzini della sua età, era anche decisamente più maturo. Sentendolo parlare di quello che gli era successo qualche mese prima e di quello che lo avrebbe atteso, nessuno avrebbe mai capito quanti anni avesse realmente. Come struttura fisica e di testa era già un adulto. Poi, comunque, i tanti brufoli sul viso e l'apparecchio ai denti riportavano quasi tutto nella norma.

«E tu Niccolò? Che ci fai su questo aereo?» Volevo coinvolgere anche l'altro dei due, che dal lato opposto del corridoio aveva sporto la testa per sentire meglio.

«Anch'io inseguo il mio sogno a spicchi» aveva spiegato con occhi speranzosi.

Dopo qualche altro minuto, la conversazione stava naturalmente scemando, anche perché io ero sul punto di chiamare il time out (di almeno sei ore), causa stanchezza. Loro, però, non sembravano intenzionati ad accordarmelo: «Mi scusi per prima se non ho capito chi fosse» aveva ripreso Federico «ma adesso sono io quello troppo curioso. Dove sta andando lei? Prima di raccontarle la mia storia, mi ero fatto un film, tutto mio: secondo me va a vedere delle partite di college. Ho letto da qualche parte che, almeno dal vivo, sono bellissime, perché c'è più spontaneità nei giocatori, anche se sono meno bravi e famosi dei professionisti. Poi, a quel livello, ogni risultato conta davvero. Dico bene?».

«Beh sì, la pallacanestro universitaria ha tutto un altro spirito, anche se da noi, proprio per il fatto che quasi nessuno conosce i giocatori, è una causa persa. Pensa che oramai da anni nessuno le trasmette più in tv, neppure le Final Four, che sono un vero spettacolo. Però no, questa volta il mio viaggio non ha come obiettivo il futuro del basket globale.»

«Quindi niente college... Allora sta andando a vedere qualche partita NBA, magari deve incontrare e intervistare qualcuno di famoso.»

«Più o meno, ci hai azzeccato.» Ero evasivo, nel tentativo di non dirgli la verità, almeno non tutta, altrimenti non avremmo davvero più smesso di chiacchierare. Illuso.

«Come più o meno?» rivendicava l'amico. «Avanti, ci dica qualcosa di più. Io sono un tipo curioso sin da piccolino. Muoio se non so le cose.»

Non volevo un minore sulla coscienza per carenza di risposte.

«Domani dovrei avere un'intervista importante. A seguire, una partita che potrebbe entrare nella storia.» Avevo cercato di rimanere ancora sul vago, ma già mentre stavo per terminare la frase avevo intuito che sarebbe servito a poco.

«Allora... L'All Star Game è a febbraio e comunque è diventata una vera e propria bufala; la NBA Cup la giocano a dicembre... Sa che non so, mi aiuti ancora un po'.»

«Se ci tieni tanto, Federico, volentieri, ma non è un quiz con gli aiuti... dal sedile di fianco. Ti aggiungo una sola cosa: il Prescelto.»

Per qualche secondo erano rimasti entrambi in silenzio, poi, voltandosi verso di me, con gli occhi sbarrati, Niccolò non era riuscito a trattenere l'incredulità: «Nooooooooo. Mi dica che sta scherzando. Non posso crederci. Sta parlando di LeBron James, vero? Ma come fa?».

«In che senso, come faccio, Niccolò?»

«A entrare al Palazzo.»

«Beh, mi sono accreditato, come ogni volta precedente.»

«È stato difficile? Immagino di sì.»

«Beh, sicuramente ci saranno tantissimi giornalisti, da tutto il mondo. Il fatto che giocherà insieme al figlio è davvero irripetibile. Siccome sono arrivato un po' lungo con la richiesta, Adam Silver, il *commissioner* NBA, mi ha dato anche un biglietto in tribuna, nel caso non ci fosse posto in quella riservata alla stampa.»

«Però, è apparecchiato niente male...» si era compiaciuto Federico.

«Diciamo che quarant'anni di presenza sul mercato mi danno una mano.»

«Urca, quarant'anni?»

«Eh, sì, le primavere cestistiche sono oramai parecchie. Considerate che ho visto la mia prima partita NBA dal vivo nell'ottobre del 1979. Era Lakers-Clippers, amichevole a San Diego, anche quella una partita unica perché era l'esordio di Magic Johnson.»

«Ed era lì, a bordo campo?»

«Sì. I Clippers erano considerati da tutti una squadraccia, quella che tutti volevano incontrare in pre-stagione per cominciare a capire come inserire i nuovi nell'assetto precedente. Se avete visto *Winning Time*, la fiction sui Lakers trasmessa da Sky, dovreste sapere più o meno come sono andate le cose, sin dall'inizio per i gialloviola di Magic e Jabbar.»

«Certo che l'ho vista» aveva detto Federico «con papà. Lo scorso inverno, tutte e due le stagioni. Prima di iniziare non sapevo davvero nulla dei Lakers di una volta, conoscevo solo qualche nome, come Kareem Abdul-Jabbar e Magic Johnson, ma se adesso, qui, lei ci aggiungesse qualcosa di suo mi farebbe un gran regalo. So che la stiamo disturbando e che magari voleva riposare, ma capisca anche noi, quando ci ricapita una occasione simile?»

Entusiasta e curioso, senza essere invadente, il ragazzino ci stava prendendo gusto.

«Guarda, di quella serata potrei scrivere un libro, tante sono le cose che mi sono successe. Per me è stato come vivere in una dimensione parallela. Con tre miei compagni del liceo, avevo appena finito il mio primo coast to coast, partendo da New York a fine luglio con una Buick usata che non prometteva benissimo. Dopo due mesi e mezzo di viaggio, passando da Washington, Miami, New Orleans, tagliando per il Messico dal Texas, per poi risalire dall'Arizona, eravamo arrivati a Los Angeles. Stremati. Anche perché, con pochissimi dollari in tasca, avevamo risparmiato su tutto, però eravamo contenti. Finivamo spesso col dormire in macchina, viaggiando di notte. Tutti, naturalmente, tranne quello al volante.»

«La Buick, dopo quasi diecimila chilometri e nessun tipo di manutenzione né riguardo da parte nostra, alla fine ci aveva abbandonato nel parcheggio di un supermarket, in piena Hollywood. Lì, per fartela breve, altrimenti con gli aneddoti non finiamo più, avevamo incontrato una signora molto gentile, che ci aveva invitato a casa sua. Delle sue tre figlie, due erano al college, quindi avanzavano due camere da letto. Suo marito era un grande appassionato di sport e soprattutto di basket. Due di noi erano ripartiti per l'Italia, mentre io e un altro siamo rimasti. Los Angeles, Hollywood, una famiglia carina e accogliente, ma soprattutto la pallacanestro servita a colazione, pranzo e cena. Un sogno che avevo tra le mani. Sin dal primo momento, rendendosi conto di quanto mi appassionasse l'argomento, Bernie, il padrone di casa, aveva cominciato a raccontarmi tutto sui Lakers, di cui era un supertifoso, partendo dagli ultimi vent'anni, quelli di Elgin Baylor, Jerry West e Wilt Chamberlain. Era molto contento anche di quello che stava succedendo in quel periodo, alla fine degli anni Settanta, soprattutto dopo la manna dal cielo della scelta di Magic, perfetto da accoppiare a Jabbar e da affiancare alla costante evoluzione di Nixon e Cooper. Insomma, senza volerlo, ero finito in una specie di corso accelerato sulla squadra che poi, inevitabilmente, avrebbe segnato il resto della mia vita.»

Mentre gli parlavo, il mio vicino di posto sembrava ipnotizzato dalle mie parole. Avevo quasi deciso di finire il racconto, anche perché il tutto, come detto, si stava allungando troppo e la mia stanchezza era comunque lì, crescente, a tormentarmi. Anche l'altro era calamitato dalla storia.

«Guarda come sono presi dalle mie parole», pensavo. «Come faccio a deluderli? Vabbè, ancora dieci minuti.»

Inoltre non è che mi dispiacesse così tanto rievocare quella parte della mia vita e poi i due, a quel punto, non mi avrebbero permesso di allontanarmi dalla storia: «Non si fermerà proprio adesso?» mi aveva stimolato Niccolò «non vedo l'ora di sapere come è finito a quella prima».

«Beh, semplice. Qualche giorno prima, mentre mi raccontava la storia di Magic e di come avesse giocato, dominato e vinto a Michigan State, Bernie aveva improvvisamente tirato fuori dalla tasca della giacca due biglietti per il match del suo esordio. Non potevo credere ai miei occhi: San Diego Arena, il giorno dopo, 12 ottobre (non dimenticherò mai quella data) i nuovi Lakers si mostravano al mondo per la prima volta. E io, grazie a quella straordinaria generosità, sarei stato lì, testimone del tutto.»

«Quindi si può dire che la sua carriera sia cominciata quel giorno?»

«Praticamente sì. Durante la partita, avevo deciso che avrei raccontato a qualcuno quello che stavo vedendo. Quel qualcuno si chiamava Aldo Giordani, il direttore di Superbasket. È cominciato tutto così.»

«E adesso sta andando a intervistare LeBron che ne fa quaranta» aveva sintetizzato Federico, senza però accontentarsi: «Le faccio una domanda...».

«Se oggi, lui e Magic, potessero affrontarsi, chi prevarrebbe?».

«Impossibile da dire, anche se Magic è stato davvero il primo dei moderni, era un altro basket. Tra i due ci sono venticinque anni di differenza, che per lo sport in generale e il basket in particolare sono due o tre ere geologiche. Quindi, su questo argomento, non mi avrai.»

«Ma allora, mi dica almeno qualcosa che non conosco su LeBron, sa che lui è l'idolo di mio padre? Non c'è Curry o Dončić che tenga, papà impazzisce per il Prescelto.»

«Sai già anche il suo soprannome...»

«Dai, signor Guido, quello è il minimo, no?»

Questa storia del signor Guido ci stava sfuggendo di mano.

5

Non eravamo decollati da neppure mezz'ora e mi trovavo già davanti un bivio, importante se non fondamentale per il resto del mio viaggio. Avete presente il duello morale tra il diavoletto tentatore, che da una spalla vi sussurra soluzioni estreme in un orecchio, mentre, dall'altra parte, l'angioletto buonista che cerca di dissuadervi dall'ascoltarlo? Ecco, più o meno il mio status del momento era quello: avrei dovuto zittire una volta per tutte i miei giovani compagni di viaggio, mettendo però così al sicuro il resto della trasvolata, oppure avrei dovuto accettare una conversazione che, per carità, riguardava un argomento meraviglioso, ma rischiava di essere davvero il più classico dei «neverending»?

Per qualche minuto avevo temporeggiato, guardando i due con la coda dell'occhio, mentre Federico si appuntava qualcosa su un quaderno con l'eterno Kobe in copertina e la sua firma a fianco della foto. Ovviamente la stessa era prestampata, ma lui sembrava sfiorarla come se fosse autentica, come se fosse stato lo stesso Black Mamba a fargliela. Cercavo di capire chi fossero realmente i due teen seduti vicino a me, da che famiglia venissero, come fosse la loro vita di tutti i giorni, a parte vivere virtualmente circondati da milioni di palle a spicchi, che sembravano poter essere il vero interesse. Cominciavano a incuriosirmi davvero. Osservandoli, avevo avuto da subito l'impressione che si comportassero come persone adulte, non certo da adolescenti. Davano l'idea di essere molto orgogliosi di quello che stavano andando a fare.

«Se vuole la lasciamo tranquillo» mi aveva detto il più lontano dei due, quasi avesse compreso il mio imbarazzo. «Ce lo dica pure, non ci offendiamo.»

Ancora per qualche secondo, avevo riflettuto su cosa rispondere. Aveva quindi vinto l'angioletto e, pur cosciente che sarebbe stato sicuramente un viaggio diverso rispetto a quello programmato, gli avevo risposto che non mi stava disturbando affatto, facendo scattare il verde al semaforo di partenza nel Gran Premio delle domande. «Considerando i cinque nomi di cui ci raccontava all'inizio» aveva attaccato Federico «io ho sentito parlare di molti di quei giocatori, ma gli unici due che ho visto giocare dal vivo, cioè in partite in diretta, sono Kobe e LeBron, degli altri ho solo in mente alcune immagini…»

«Anche di Jordan?»

«Sì, di MJ, grazie a mio padre, ho visto tantissime cose. Me lo ha fatto conoscere lui come giocatore, mentre quasi tutti a scuola, credono sia una marca di scarpe e basta.»

«'Sta roba, me l'hanno già raccontata, è pazzesco.

Vabbè che guadagna quattrocento milioni di dollari all'anno con quelle scarpe, ma fa impressione come la gente si dimentichi di tutto tanto, troppo velocemente. Poi, se avremo tempo, di Jordan ne riparleremo. Intanto, iniziamo dall'ultimo arrivato, LBJ, che secondo molti, anche gente importante, è il migliore di tutti i tempi.»

«Addirittura?» aveva commentato Niccolò con voce sorpresa.

«Sì, ma aspettate per capire.»

6

«Allora, per iniziare a raccontarvi questa storia, dobbiamo salire sulla macchina del tempo e inserire la retromarcia. Voi avete quasi sedici anni, giusto?»

«Giusto.»

«Esatto.»

«Quindi, nel 2002 non eravate ancora nati, anzi, azzardo, i vostri genitori non si conoscevano neppure...»

«Questo non lo so proprio. So che si sono fidanzati nel 2006» aveva ricordato Niccolò in uno sforzo di memoria.

«2006? o l'anno della prima scelta assoluta di Bargnani da parte di Toronto...»

«Se lo dice lei...»

«Dai che poi, queste cose, una volta arrivati a Hollywood, ve le potete giocare con i vostri compagni di squadra che, ci scommetterei, non ne sapranno poi tanto, della storia NBA. Comunque, siamo nel 2002 e LeBron sta già frequentando per il quarto anno la St. Vincent-St. Mary High School di Akron, in Ohio. È una scuola cattolica, e lo si capisce dal doppio santo incluso nel nome. Il liceo che per tre anni avrebbe rappresentato un vero e proprio rifugio per LeBron. Ci era arrivato quasi per caso, dopo uno dei tanti periodi difficilissimi della sua adolescenza. Cresciuto con una mamma single, non ha mai praticamente conosciuto il padre. Gloria, la madre, per anni non ha avuto un tetto sotto il quale poterlo crescere, per più di qualche mese. I soldi finivano sempre e lei, non potendo pagare l'affitto, doveva trovare sempre un'altra sistemazione, chiedendo aiuto a vicini e parenti.»

«Mi sembra la storia di Ronaldo.»

La considerazione di Federico era corretta. «In effetti, ci sono molte cose in comune tra i due, a partire dai loro inizi. Non sono mai stato nei bassifondi di Madeira, dove è cresciuto Cristiano, ma non devono essere molto diversi da quelli di Akron. Solo il clima è sicuramente differente. Comunque, giusta annotazione, perché anche l'ex juventino ha avuto una presenza paterna decisamente evanescente e una madre che si è fatta in quattro per lui, per permettergli di coltivare la sua passione. Due palloni, anzi tre, visto che LeBron, prima della pallacanestro, ha iniziato con il football americano, tanto diversi tra loro, ma che uniscono, con un filo rosso, due dominatori del panorama sportivo degli ultimi vent'anni.»

«Non sapevo avesse iniziato col football americano» mi aveva interrotto uno dei due «esatto, ma si divertiva più con la palla rotonda e quindi...»

«Ma torniamo al 2002. Una sera di febbraio, ero a cena a Milano e mi era suonato il telefono. Dall'altra parte del filo, così avremmo detto una volta, c'era Danny Ferry, ex stella dell'Università di Duke, seconda scelta assoluta dei Clippers nel 1990, con il quale ho avuto il piacere di condividere una meravigliosa parte della mia vita a spicchi, nel 1990. Ai tempi, Danny si era ribellato alle regole della NBA che gli imponevano di andare a giocare per i Paper Clips (come allora erano soprannominati, i clippers ovvero "I velieri di carta", per sottolineare la loro scarsa consistenza) e aveva accettato le offerte del Messaggero Roma, club che aveva un bel budget da investire, soprattutto sugli stranieri. Club per il quale, in quel periodo, mi occupavo delle relazioni esterne. A Roma, Ferry si era fermato solo un anno, per volare poi a Cleveland, formazione alla quale, alla fine di un estenuante braccio di ferro, i Clippers avevano ceduto i suoi diritti. Con i Cavs, era rimasto per dieci anni, una carriera che non era comunque mai sbocciata come i suoi anni al college avevano fatto pensare. Anche dopo aver lasciato i Cavs, Danny era comunque rimasto legato alla città e al tessuto sociale della parte nord-est dell'Ohio, stato conosciuto più per le sue fabbriche e l'inquinamento da loro prodotto, che per altri motivi più affascinanti.

"Guido devi ascoltarmi" mi aveva detto iniziando la telefonata, senza neppure salutarmi. "Ti fidi ancora del tuo amico Danny, vero?"

"Certo che sì, perché mai non dovrei" gli avevo risposto. "Ma che cosa sta succedendo, hai dei problemi?"

"No, no" mi aveva risposto "tutt'altro. Voglio solo darti una *clue* (un suggerimento, una chicca, in italiano): fra tre settimane, ad Akron, LeBron James giocherà la sua ultima partita da liceale. Non so se hai seguito quello che è successo attorno a lui dopo che *Sport Illustrated* gli ha dedicato una copertina con il titolo THE CHOSEN ONE, il Prescelto, preferendolo come soggetto alle Olimpiadi invernali di Salt Lake City, clamorosamente snobbate dalla Bibbia dello sport americano."

"Beh, sì, certo" gli avevo risposto "ho visto la copertina". La stessa che aveva svelato al mondo intero un piccolo segreto nascosto che, comunque, quasi tutti quelli del basket conoscevano oramai da parecchio e si era trasformato in un fenomeno di massa: tutti ne parlavano, tutti lo volevano.

Avevo poi continuato ad ascoltare Danny, senza interromperlo, per vedere dove intendeva arrivare.

"Oramai è sicuro che LeBron non andrà al college, passando direttamente ai pro e te lo racconto con cognizione di causa. Da ex di Duke, ho tentato anch'io di convincerlo che magari, persuadendo *coach K*, un anno in maglia Blue Devils gli avrebbe fatto bene, ma niente da fare, oramai il suo percorso è segnato. Comunque, vengo al nocciolo. Volevo solo dirti che, secondo me, fra una ventina di giorni dovresti salire su un aereo per Cleveland, perché la partita che giocherà *l'adulto tra i teenager* è destinata a entrare nella storia del basket e per come sei fatto tu, devi esserci per forza."

A quel punto lo avevo interrotto, anche perché conoscevo abbastanza bene tutto quello che stava succedendo in America attorno a James. In quattro anni di liceo, la sua squadra aveva perso qualcosa come tre partite in totale. Le prime due stagioni erano finite senza sconfitte, la terza non era andata benissimo, mentre con la quarta era oramai a un passo dalla conquista del terzo titolo dello Stato. Per non parlare dei suoi numeri personali dell'ultimo anno, poco più di trenta punti a incontro con quasi dieci rimbalzi.»

Mentre continuavo a parlare, Federico e Niccolò sembravano quasi ipnotizzati da quello che gli stavo raccontando. Pur non avendo figli, sapevo quanto fosse difficile far concentrare i teenager di oggi su un argomento «antico» come una storia descritta. Anche per questo, la loro attenzione mi rendeva molto orgoglioso.

«Quindi, per farla breve» avevo poi proseguito «sapevo abbastanza di quello che mi stava raccontando Ferry, anche se non avevo mai visto una partita intera di LeBron. Solo tanti, incredibili, highlights, dove sembrava veramente uno cascato per caso sulla terra da un altro pianeta, ma mai un incontro per intero. Danny, invece, che in quel periodo stava terminando la sua carriera con gli Spurs di Gregg Popovich, mi aveva raccontato che in tv, suoi impegni sul campo permettendo, non si era perso un match del Prescelto, per altro quasi tutti trasmessi in diretta nazionale dalla ESPN. Immaginatevi Sky Sport che, in prima serata, invece di un buon match di serie A di calcio, decide di trasmettere una partita del torneo primavera. Da noi, sarebbe impossibile, no? Beh, in America succede anche questo.

"Quindi Danny, salgo su un aereo, cambio da qualche parte per arrivare a Cleveland e poi?"

"Poi vai dritto a Columbus."

"Dove scusa?"

"A Columbus, due ore di macchina da Cleveland, sempre in Ohio. Arrivato lì, una volta al campus dell'università, trova parcheggio e..."

"E... sì bravo" gli avevo risposto "come ci entro alla partita del secolo? I biglietti saranno esauriti da mesi e ora chiedere un accredito mi sembra leggermente utopistico..."

"Non ti preoccupare, amico" mi aveva rassicurato, "a questo ci pensa il mio agente David Falk, te lo ricordi no?"

"Beh direi, Danny, stiamo sempre parlando di quello che ha creato il mito commerciale di Michael Jordan..."»

«In che senso?» era intervenuto Federico.

«Per spiegartelo, devo staccarmi un attimo dal discorso LBJ e tornare al 1984. In quel periodo, esattamente come per James, Nike stava battagliando con Adidas e Reebok per portarsi a casa il contratto con Jordan e Falk, stella nascente sul mercato degli agenti, era stato coinvolto e aveva portato a casa il risultato. Era quindi più che mai sul pezzo. Ragazzi» mi ero interrotto di colpo «forse sto divagando un po' troppo con cose che vi interessano poco.»

«No no, tutt'altro. Continui pure.»

La voce che mi aveva risposto, però era molto più adulta di quella dei miei vicini di sedile, che, per altro, sembravano oramai imbalsamati. Magari avevo esagerato, con i tanti particolari del racconto finendo per stordirli (e pensare che, all'inizio, mi ero preoccupato io per come sarei stato eventualmente tartassato di domande dai ragazzini).

Al loro posto aveva invece parlato il passeggero della fila davanti alla nostra, affacciato tra i sedili: era un uomo sulla sessantina che, in qualche modo, aveva ascoltato tutto.

«Mi dispiace averla disturbata» gli avevo detto «le chiedo scusa.»

«Ma quale disturbo, guardi che invece è stato un piacere, mi sembrava di ascoltarla alla radio. Anzi, la prego, vada avanti, non si fermi qui.»

«Dipende da questi due. Hanno iniziato loro con le domande. Se hanno ancora voglia di ascoltare io non ho problemi.»

«Guardi, signor Guido, che se ci avesse annoiato, se ne sarebbe accorto perché avremmo messo già da un bel po' le cuffiette e ci staremmo sentendo Marra e Fibra, anziché la vita di LeBron. Quindi anche per noi, vada pure, giusto Niccolò?»

«Giusto» aveva avallato l'altro. Potevo quindi riprendere da dove mi ero interrotto, promettendomi però di limare un po' di dettagli.

«E quindi con Ferry, poi, come si era conclusa?» Era ancora il passeggero di fronte che aveva parlato.

Oramai mi sentivo circondato e dovevo replicare: «Che ho accettato il suo suggerimento. Ho chiamato la mia agenzia di viaggi di allora e un mese dopo sono arrivato a Cleveland, la città che era ancora chiamata *The mistake on the lake* ovvero "l'errore sul lago"».

«*The mistake on the lake*... Perché?»

Il curioso Federico non amava i segreti e doveva far luce su questo soprannome, ma...

«Dovrai aspettare qualche minuto per scoprirlo.»

7

Ero tornato dal bagno, dove mi ero anche dato una sciacquata per riprendere vitalità, visto che il tanto bramato riposo non era più all'orizzonte.

«Quindi» mi aveva accolto Federico «Cleveland, l'errore del lago, perché?»

«Era chiamata così da tanto era brutta e malfamata. Il declino industriale degli anni Cinquanta aveva portato al fallimento urbano, era stata la prima città a dichiarare bancarotta nella crisi del '38. Ed era un errore, anzi tanti infiniti errori, nello sport, con troppe annate disastrose per le squadre della città: i Cleveland Browns nel football americano, i Cleveland Indians nel baseball, che ora sono i Guardians, e, nel nostro amato basket, i Cleveland Cavaliers.»

«Però... grazie! Questo viaggio è anche più istruttivo di una lezione di geografia.»

Niccolò mi aveva interrotto, ma non credo che l'avesse fatto per farmi davvero un complimento. Secondo me voleva che tornassi dritto sulla pallacanestro e quindi l'avevo accontentato: «Avevo affittato una macchina e in due ore ero arrivato a Columbus, non propriamente Disneyland, per dirla tutta».

«Insomma, l'Ohio non l'aveva fatta impazzire...»

«No, non direi, ma lo scopo del viaggio non era quello di fare il turista nel Midwest americano.»

«Che maleducato, non solo vi ho interrotti, ma non mi sono neppure presentato, scusate.»

A parlare era stato ancora il passeggero di fronte a me, oramai praticamente girato completamente verso di noi, quasi inginocchiato sul suo sedile.

«Mi chiamo Massimo, e, nemmeno a farlo apposta, sono anch'io un discreto appassionato di basket. Non italiano però, lo voglio dire subito. Mi piace tantissimo la NBA, un po' meno quello di casa nostra, a parte qualche partita di Eurolega, che comunque faccio fatica a seguire.»

«Piacere Massimo, io sono Guido e loro sono Federico e Niccolò, gli unici tra noi, almeno credo, che a pallacanestro ci giocano anche in maniera... seria.»

Una stretta di mano a quattro era bastata poi per sancire quello che avevo chiamato subito «Il patto della certezza», ovvero quello che aveva cambiato completamente aspetto al mio piano di volo. E poi dicono che il basket, pur essendo il secondo sport italiano di squadra, lo conoscono in pochi, che gli appassionati sono una specie di nicchia abbondante, ma pur sempre una nicchia. Visto quello che mi stava succedendo, non lo direi troppo ad alta voce. In poche ore, infatti, avevo ritrovato la signora della Disney con il figlio che si era messo ad allenare, avevo conosciuto Federico con suo padre, Niccolò e adesso anche Massimo, tutti legati dalla passione per la pallacanestro. Per quanto mi riguarda, quello era un volo decisamente a spicchi.

«Comunque, dicevo?» avevo allora proseguito, con un ascoltatore in più. «Ah, sì, Columbus. I Fighting Irish, questo il soprannome della squadra di LeBron, sarebbero scesi in campo nel tardo pomeriggio, per la finale del torneo dello Stato dell'Ohio. Sapendone onestamente poco di basket liceale, mi ero documentato e avevo letto che avrebbero giocato contro la Kettering Archbishop Alter. Sulla carta, un avversario decisamente più debole per un LeBron che nella sua ancor breve carriera, tra le altre, aveva battuto, praticamente da solo, due vere potenze della pallacanestro delle high school, come la Oak Hill Academy e la Mater Dei. La netta differenza tra le due squadre era evidente anche dai record stagionali, con quella di LeBron che aveva perso una sola partita in totale, mentre gli avversari ben nove.

Una volta uscito dall'autostrada, per arrivare al Palazzo ci avevo messo tanto: Columbus, dopo Cleveland, è la seconda città dell'Ohio e l'ora di punta, anche lì, si era fatta sentire.

Il Value Center, il campo di gioco di Ohio State, la principale università dello Stato e una delle più grandi d'America (per gli appassionati, dove ha militato Amedeo Della Valle), sembrava decisamente più grande di quanto mi aspettavo. Da fuori dava l'impressione più di uno stadio che di un Palasport. Una volta arrivato in zona, il problema principale era stato posteggiare l'auto. Negli Stati Uniti, sul parcheggio, club e proprietari degli impianti guadagnano cifre impensabili, facendo pagare anche cento dollari a incontro, ma in quel caso, anche aprendo il portafogli, non c'era davvero verso di trovare un buco. Al terzo giro attorno alla struttura, non sapevo più dove sbattere la testa, anche perché, a quel punto, mancava meno di un'ora alla partita e io, tra le altre cose, dovevo ancora ritirare il mio biglietto alla cassa accrediti. Con la coda dell'occhio, quasi come ultima spiaggia, avevo visto una ragazzina che sventolava un cartello con scritto "Parking, 50 $". Onestamente un furto, sicuramente illegale, ma non avevo scelta. L'avevo allora affiancata, pagando il salasso e ottenendo uno spazio per la macchina a dir poco esclusivo: nel giardino di casa sua, dove la sua famiglia si stava facendo un bel barbecue per festeggiare, anche loro, l'ultima da studente del Prescelto.

"Vuoi una pannocchia arrostita?" mi aveva chiesto uno che poteva essere il padre come il fidanzato della "posteggiatrice".

"No grazie, vado di fretta, ma siete molto gentili" avevo risposto pensando che, comunque, per quel prezzo, ci sarebbe stata anche una birra e due terzi della carne sulla brace.

"Hai il biglietto per la partita?"

"Sì, lo devo ancora ritirare."

"Vuoi, per caso venderlo? Ti posso offrire trecento dollari" aveva proseguito il tizio, senza alzarsi dalla sua sedia pieghevole, modello pescatore di trote.

"Beh, una bella offerta, la ringrazio. Ma non potrei mai, me lo ha trovato un amico e sono venuto da lontano proprio per la partita."

Non aveva più replicato, forse chiedendosi dove fosse il mio "lontano". Non immaginava, ovviamente, che ero arrivato addirittura dall'Italia, per l'occasione.

Dal parcheggio alle casse c'era poi voluto poco tempo, così come avevo fatto in fretta a recuperare il mio biglietto con tanto di braccialetto allegato.

"Questo è per l'Hospitality" mi aveva detto una signora dietro lo sportello.

Qualche istante dopo, avevo fatto la mia entrata nel Palazzo. Ancora adesso non so descrivere che cosa avevo davanti. Un'atmosfera unica, in tutti i sensi, con migliaia di ragazzini, con i colori delle due finaliste che di lì a poco si sarebbero giocate il campionato statale, impegnati in un tifo sfrenato, accompagnati dalle band dei licei e, naturalmente, dalle immancabili cheerleader. Avevo letto che l'impianto poteva contenere quasi diciannovemila persone. Era grande come il Madison Square Garden di New York, ma lì eravamo a Columbus, in Ohio! Giusto il tempo di mangiare un piatto di ravioli a dir poco scotti nella lounge dell'Hospitality e di spiegare a un paio di persone da dove arrivavo e che mestiere facevo, che era arrivato il momento di trovare il mio posto. Buono (non potevo certo lamentarmi), ma non vicinissimo al terreno di gioco. Per non farmi mancare nulla, anch'io, come la maggior parte di quelli che mi circondavano, mi ero portato appresso la mia birra da mezzo litro, un classico. LeBron, con il numero 23 stampato sulla sua canottiera verde dei suoi, era impossibile da non vedere anche da lontano. Si muoveva in un modo totalmente differente rispetto agli altri giocatori in campo, compagni di squadra e avversari. La partita era iniziata male per i suoi, con St. Mary-St. Vincent che, dopo un primo quarto bruttissimo, era andata sotto pesantemente nel secondo. Poi, dopo l'intervallo, ci aveva pensato lui a portarsi a casa il titolo dello Stato, oltre a quello di MVP dell'incontro. Tutto questo col punteggio finale che raccontava di un misero 40 a 36 per i Fighting Irish. Dei quaranta punti segnati, venticinque erano del Prescelto. Aveva lasciato le briciole anche ai suoi compagni.»

«Ma, quindi, gli altri ne avevano messi solo quindici in tutto?» mi aveva chiesto Federico.

«Sì, avevano segnato altri tre, nessuno in doppia cifra. Il resto della squadra aveva fatto virgola, nonostante parecchi minuti in campo.»

«E chi erano gli altri? Qualcuno è diventato un giocatore famoso, o per lo meno ha proseguito in qualche modo la sua carriera?» Anche Massimo si era inserito.

«No nessuno, sono tutti spariti nel nulla, cestisticamente parlando. In una parte importantissima della vita di LeBron invece, quando, per l'ennesima volta, sembrava perso nella realtà di una periferia poverissima che non lo voleva proprio accettare proprio, tre degli "altri" avevano svolto un ruolo importantissimo, nelle scelte del giovane James. Anche e soprattutto in quella del liceo, che, col passare degli anni, si è rivelata fondamentale per la crescita soprattutto mentale, del Prescelto. Sono loro, Dru, Sian, Willie e più tardi Romeo, che formano un gruppo inossidabile, nella sua vita e nel basket. Si fanno chiamare i "Fab Five" (i favolosi cinque) e grazie anche a quel soprannome da film della Marvel, sopravvivono al disastro di Akron, una delle cittadine con il reddito pro capite più basso d'America. Grazie a loro, anche Gloria, la mamma di LeBron, la vera eroina della sua vita da minorenne si è difesa sul "difficile pianeta" ed è riuscita a trovare la forza di tirare avanti. Insomma un bel gruppo di amici, che dai quindici ai diciotto anni si è tolto dai guai della strada grazie al basket. I cinque avevano giurato di stare insieme fino alla fine, fino all'ultima partita, quella che avevo visto con i miei occhi. Tutto come si erano ripromessi, dunque, anche se, dal terzo anno di liceo, la vita di uno di loro si era trasformata completamente. In poche settimane, il mondo intero sembrava essersi accorto di LeBron. Persino Michael Jordan lo aveva voluto incontrare, a Cleveland, dove avrebbe giocato con i suoi Wizards. MJ era agli sgoccioli della sua carriera e stava già ragionando con la testa dell'uomo d'affari. Voleva dare una mano anche lui alla Nike a portarselo a casa, quando sarebbe passato tra i pro, di lì a un anno o poco più.»

«Ma si sapeva già tutto, con così tanto anticipo?» mi aveva allora domandato Federico.

«Beh, tutto no, ma gran parte delle cose, sì. Che LeBron non sarebbe mai andato al college era una certezza assodata, dalla sua prima partita da liceale. Che invece, quattro anni dopo, con un incredibile colpo di coda del destino, sarebbe finito proprio a Cleveland, questo nemmeno Cassandra lo avrebbe potuto prevedere. Quando è arrivata la copertina di *Sport Illustrated* della quale vi ho già raccontato, i giochi erano praticamente fatti. Col ritiro di Jordan, i due giocatori di pallacanestro più famosi al mondo erano Kobe e LeBron, che, per altro, non aveva ancora ufficialmente toccato un pallone... firmato dal *commissioner* NBA. Tra le curiosità che li riguardano, c'è anche quella di Kobe che sette anni prima aveva fatto lo stesso percorso di James, passando anche lui direttamente dal liceo ai pro, in maniera, però, decisamente meno glamour del Prescelto. Il resto della pallacanestro sembrava sì esserci, ma come contorno: nel 2003, San Antonio vinceva il suo secondo titolo NBA, ma la gente ne parlava poco. Tutti volevano sapere di LeBron e del suo futuro.»

«Mi scusi, Guido...» Questa volta era Massimo a domandare: «Ma James, in quegli anni, guadagnava già qualcosa? Con tutto quello che stava succedendo chissà quante aziende e quanti agenti si erano mossi».

«Per le regole di allora, che riguardavano licei e università, LeBron non poteva percepire un dollaro, al di fuori della borsa di studio che lui e gli altri quattro dei Fab Five avevano ottenuto, delle scarpe per giocare e dei vari indumenti d'allenamento. Durante il suo ultimo anno, però, James era già così famoso che poteva realmente chiedere qualsiasi cosa e ottenerla. Per aggirare i vari paletti, qualcun altro poteva agire per lui, come sua madre. Credendo di non fare nulla di sbagliato, Gloria aveva chiesto un prestito a una banca locale, che qualche anno prima non l'avrebbe neppure fatta entrare in finale. Era diventata la madre del Prescelto, poteva tutto. Il direttore le aveva concesso al volo ottantamila dollari, che lei aveva usato per comprare un Suv, come regalo per i diciotto anni del figlio. LeBron lo guidava per le vie di Akron, tutti in città si chiedevano come avesse fatto a comprarlo. Era scattata un'indagine.»

8

Avevo bisogno di sgranchirmi un po' le gambe. Nonostante fossero passate poco più di due ore dal decollo, erano già rigide e gonfie come se avessi appena finito una maratona. Probabilmente l'essere stato troppo seduto il giorno prima a Roma, non mi aveva aiutato per nulla, ma la mazzata finale, me l'aveva data l'interminabile trasferimento a Fiumicino.

«Scusami Federico, ma ti devo far spostare perché ho bisogno di alzarmi, devo assolutamente far arrivare un po' di sangue nei miei muscoli atrofizzati.»

«Aspetti però...» mi aveva bloccato in posizione eretta «com'è proseguita l'indagine per il Suv. Cos'è successo?»

«Si è chiusa subito dopo» avevo tagliato corto per il bisogno di allontanarmi dal posto. «Ora posso andare?»

«Certo Guidone, cerchi di camminare, ma faccia anche un po' di stretching, mentre è in piedi.»

Guidone? Da signor Guido a Guidone in meno di tre ore. All'atterraggio arriveremo al temutissimo zio Guido?

«In aereo, non mi sembra né troppo facile, né tanto educato, per gli altri passeggeri» gli avevo risposto. «Avere di fianco uno che si sbraccia e che salta sul posto, anche no, dai.»

«Ma è semplicissimo e non disturberà nessuno. Lo fa sempre mio padre, le basterà trovare un appoggio per la schiena. Da lì parte tutto. Lo vedo sempre la sera, quando torna a casa e non ha tempo di allenarsi. Se vuole le mostro come fa.»

«No grazie, magari un'altra volta. Adesso vado ancora verso le toilette, se trovo spazio sufficiente mi stiro un po' le gambe, faccio qualche piegamento e mi sciolgo il collo, che mi sta tormentando oramai da mesi.»

«Pieno di dolori eh… manco avesse appena finito un *back to back* con LeBron e compagni» aveva concluso sorridendo.

«Spiritoso» avevo pensato mentre un'assistente di volo mi offriva un bicchiere di succo d'arancia.

«Non la conosci la battuta che dice che, dopo i sessant'anni, ti devi preoccupare se, alzandoti la mattina, non senti male da nessuna parte?»

«Non l'avevo mai sentita, anche perché mio papà ne ha appena compiuti cinquanta, quindi non rientra nella categoria.»

Il ragazzino era uno decisamente veloce di testa, pronto alla battuta. Noi, a sedici anni, eravamo dei bradipi, a confronto. "Se fosse così anche sul campo da basket…" avevo pensato.

Dopo un quarto d'ora di vagabondaggio tra corridoio e aree dedicate all'equipaggio, ero ritornato al mio posto, senza aver ottenuto nessun evidente beneficio fisico.

Non avevo fatto a tempo a sedermi che Massimo, anche lui reduce da qualche vasca fuori dal suo posto, aveva nuovamente ricominciato a incalzarmi con le domande: «Mi faccia capire, ma alla fine della partita, poi, era riuscito almeno ad avvicinare LeBron?».

«Ma stai scherzando? Tra compagni di squadra, parenti, suoi tifosi personali, giornalisti e una security che forse nemmeno Bush aveva a quel tempo, lui era davvero inarrivabile. E questo nonostante nelle partite di high school e college sia molto più facile, un po' per tutti, raggiungere il campo dalle tribune. C'è molto meno controllo.»

«E quindi?»

«Nulla, ho preferito risalire di qualche fila per godermi dall'alto tutto ciò che riuscivo, quello che sarebbe stato l'ultimo atto di un LeBron nel mondo dei teenager. Era come se, in pochi secondi, quello che oramai per tutti era il Prescelto avesse preso cinque anni. Il miglior giocatore NBA dei vent'anni successivi si era definitivamente liberato del bozzolo.»

Avevo notato che la pausa aveva restituito alla mia audience una soglia d'attenzione decisamente più alta, rispetto a prima. Lo capivo da come i tre mi guardavano mentre parlavo.

«In realtà, una volta terminato il campionato, con la terza vittoria in quattro anni dei suoi, la vita da studente di LeBron era proseguita ancora per qualche tempo. Oltre a prendersi il diploma, cosa scontata dal suo primo giorno alla St. Vincent-St. Mary, LeBron aveva voluto comunque continuare a vivere il più possibile l'ambiente del mini campus della scuola. Anche se il tutto diventava ogni giorno più difficile e complicato, soprattutto per la costante presenza di tante troupe televisive in tutta Akron, James almeno ci provava. Praticamente un mese dopo aver portato a casa il suo terzo titolo, per lui, era arrivata la seconda decisione chiave della sua vita. La prima ricordate, era stata quella di accettare la borsa di studio dei Fighting Irish, nonostante la scuola dove sarebbe andato a studiare e giocare non fosse propriamente su misura per un afroamericano decisamente poco abbiente. La seconda riguardava invece il suo prossimo futuro. La *lottery* della NBA (dove viene sorteggiato l'ordine di scelta per le squadre del successivo draft) che era oramai alle porte. Ovviamente, se lui si fosse dichiarato elegibile per la più che ovvia prima chiamata della storia, il mondo della spicchia sarebbe davvero cambiato, forse come non mai.

Intendiamoci, in passato c'erano già stati giocatori che avevano deciso di saltare il college e andare diretti tra i pro, ma mai nessuno (Kobe compreso) aveva generato così tante aspettative.

LeBron, anche se aveva voluto aspettare sino all'ultimo, quella decisione, almeno per me, l'aveva già presa all'inizio del suo ultimo anno di liceo. E come biasimarlo, considerando anche la condizione economica di sua madre Gloria, che sarebbe cambiata diametralmente con un suo «Sì, lo faccio».

A fine aprile 2003, James, attraverso il piccolissimo reparto media della St. Vincent-St. Mary, aveva indetto una conferenza stampa, la prima di tante che, durante la sua carriera, avrebbero fatto parecchio rumore.

Circondato dai suoi compagni di squadra, dal suo

allenatore, dal preside e dai professori, aveva dichiarato al mondo intero di sentirsi pronto per il grande passo, ovvero diventare un giocatore NBA, a poco più di diciotto anni di età. Qualsiasi giornale d'America, dal *New York Times* all'*Omaha World-Herald*, era uscito il giorno dopo con il titolo principale a lui dedicato. Per giorni, non si era parlato d'altro, anche se nessuno sapeva ancora dove LeBron avrebbe giocato da lì a pochi mesi. Non poteva scegliersi la squadra, sarebbe stata la dea bendata a farlo per lui. Il draft era previsto per il 26 giugno, ma a lui come a tutti, interessava sapere quale città avrebbe vinto la "lotteria di Capodanno". Tra le squadre che si giocavano la sorte c'era anche Cleveland, la città dove il piccolo LeBron andava con la mamma in gita domenicale, le rare volte che Gloria se lo poteva permettere. Con Denver e Detroit, i Cavs, per il sistema delle percentuali, avendo appena finito un campionato disastroso, avevano le chance più alte di venir estratti per primi. Ma il tutto non era affatto scontato, come abbiamo più volte imparato, nella storia NBA. Per chi fosse finito secondo o terzo, ci sarebbe comunque stata la possibilità di portarsi a casa degli ottimi prospetti futuri che però, paragonati a LeBron, non si potevano neppure allacciare le scarpe.»

«Guido, questa la so anch'io, anche perché è troppo facile» interviene Massimo. «Ha vinto Cleveland. Intendo la lotteria.»

«Eh sì» avevo risposto «la famiglia Gund, che aveva avuto parecchi problemi con la città da quando aveva comprato la squadra, in quell'occasione era stata molto fortunata e con lei tutta Cleveland, che, a parte una breve parentesi con gli Indians di baseball, non aveva mai vinto nulla a livello sportivo.»

«L'errore del lago» ricordava l'attento Niccolò.

«Esatto. Il giorno successivo al sorteggio, James aveva dovuto affrontare la conferenza stampa, nulla a che vedere con quelle del suo passato, delle quali abbiamo già parlato. All'interno della Ballroom principale dell'Hotel Radisson, lo attendeva l'America intera, che voleva sapere, conoscere, capire.

Quello che si presentava davanti ai giornalisti assiepati in sala, almeno per l'aspetto, non era nemmeno lontano parente del liceale di qualche settimana prima. Finalmente poteva esporre il baffo della Nike, ben visibile su una fascetta che portava in testa. Le orecchie, invece, erano agghindate con due orecchini di diamanti che sua madre non si sarebbe mai potuta permettere, anche lavorando per dieci vite. Una maglietta bianca sotto una giacca firmata, completava il quadro. Ma a spiazzare tutti erano state le sue parole. Sotto quell'aspetto, il ragazzino di una volta era stato sostituito da un adulto che sapeva quello che diceva e come lo diceva. Dichiarava, in pratica, di non sentirsi il salvatore della patria, ma di essere certo che con lui i Cavs avrebbero fatto un gran bel salto di qualità. Non aveva fatto l'errore di garantire vittorie e trionfi, ma aveva promesso di rimanere a Cleveland per almeno dieci anni. Insomma, aveva detto quello che tutti, in Ohio, ma non solo, volevano sentire.

Qualche dopo, il 26 giugno 2003, al Madison Square Garden di New York, i Cavs sceglievano LeBron James. Ma questa, da settimane, non era più una notizia.»

9

«Buongiorno, scusate se vi disturbo...» Di fronte a me si era materializzato uno che, a prima vista, mi era sembrato il capo steward del volo, almeno dall'uniforme.

«Sono il primo ufficiale di bordo. Passando per andare a prendere un caffè con l'equipaggio, ho sentito che stavate parlando di basket NBA...»

Federico lo aveva guardato, seduto al suo posto, dal basso in alto. Poco dopo era partita una domanda, sicuramente un po' infantile, ma comunque sensata: «Ma se lei è qui, l'aereo chi lo sta guidando, in questo momento?».

Con un sorriso, il capitano gli aveva risposto che in cabina di pilotaggio c'era il suo secondo e che, comunque, il 777 sul quale stavamo volando era in modalità pilota automatico da più di un'ora.

«Non ti devi preoccupare, sei in buone mani, te lo garantisco» l'aveva subito tranquillizzato.

«Non è che magari siamo sull'"aereo più pazzo del mondo" quarant'anni dopo?» si era allarmato Massimo, scoppiando a ridere «e al suo posto c'è Kareem

Abdul-Jabbar che sta pilotando, visto che abbiamo anche già parlato dei Lakers.»

Niccolò lo aveva guardato con aria interrogativa. Troppo giovane per comprendere la citazione.

Il comandante, divertito, aveva proseguito: «Quando voliamo sugli Stati Uniti, se posso, cerco sempre di andare a vedere una partita. Solitamente abbiamo un paio di giorni di riposo prima di ritornare in Italia e, a differenza di altri miei colleghi che privilegiano una buona cena in qualche ristorante particolare, io piuttosto mi accontento di un hamburger, ma vado al Palazzo».

«E quante partite ha visto, intendo dal vivo?» lo aveva ancora incalzato Federico.

«Oddio, tante. Considerato che oramai sono più di vent'anni che faccio le rotte intercontinentali, credo di aver perso il conto.»

«E LeBron, lo ha mai visto?»

«Un paio di volte, con gli Heat, quando ancora Alitalia volava su Miami. Quello, per lui, era un gran periodo, anche perché, a differenza di tante altre volte, non doveva fare tutto da solo. Ci pensavano Bosh e soprattutto Wade a dargli una mano.»

A quel punto eravamo addirittura in cinque a chiacchierare di basket e il nostro ultimo interlocutore, anche per l'enfasi che metteva nelle sue opinioni, dimostrava di essere anche lui davvero appassionato.

«Mi scuso ancora» aveva poi proseguito «ma vi ho sicuramente interrotto. Stavate, se ho ben capito, parlando di LeBron e, immagino, anche dei suoi prossimi quarant'anni...»

«Sì, ma nulla di importante e complicato» gli avevo

risposto «stavo raccontando a questi suoi passeggeri un po' di aneddoti e di storie che girano tutte attorno alla vita di James. Se le va di rimanere... anche perché questo è il suo aereo, credo che sia il benvenuto...»

Per qualche attimo, quello che stavo vivendo, mi aveva ricordato qualcosa di simile alle atmosfere dei vecchi bar sport di antica memoria. In quelle situazioni, attorno a un tavolo, si discuteva quasi esclusivamente di calcio, con del buon vino come lubrificante per le conversazioni più spigolose. In questa nostra versione 4.0, invece, eravamo a undicimila metri di quota, accovacciati su dei sedili di un Boeing, consumando dell'ottima Coca-Cola... d'annata.

«Sì, sì» aveva aggiunto Massimo. «Guido ci aveva appena finito di raccontare come LeBron era arrivato tra i pro, bypassando il mondo dei college.»

«E allora, visto l'argomento, mi fermerei qualche minuto anch'io, ad ascoltare, se non vi dispiace...»

Non mi dispiaceva affatto. «Dicevamo come le scelte del 2003 siano state tra le più scontate della storia, un po' come quelle dello scorso anno, con San Antonio che ha preso Wembanyama, senza alcuna sorpresa, perché tutti sapevano che sarebbe finito alla franchigia vincitrice di quella lotteria.»

«Ma è vero che, appena arrivano tra i pro, i *rookies*, gli esordienti, vengono subito portati in palestra a fare tanti pesi, per cercare di fargli avere, sin da subito, un fisico più da adulto? Ed è capitato anche a LeBron James, con Cleveland?»

Le domande di Niccolò, come quelle dell'amico, dimostravano sempre di più la loro competenza.

«Che le squadre NBA cerchino sin da subito di far mettere massa, intesa come muscoli, alla gran parte dei giocatori che arrivano da altri mondi, tipo college, Europa o anche le high school, ci sta eccome. Ci sono dei casi, tipo quello di Antetokounmpo, che in tre anni ha letteralmente cambiato fisico aggiungendogli qualcosa come venticinque chili al suo peso iniziale. Venticinque chili che parlano da soli. Basta confrontare le immagini del prima e dopo per rendersi conto del lavoro a lato, Wembanyama, anche lui, quest'anno pesa 12 chili in più dello scorso. Anche nel caso di LeBron James, ovviamente, un programma di allenamento in palestra è stato studiato sin dal suo primo giorno con i Cavs, anche se il suo fisico non era certo quello di un classico liceale. Infatti, la sera del suo esordio in campionato, il mondo intero aveva visto in campo un giocatore che, messo vicino a veterani con tanti anni di carriera alle spalle, non aveva sfigurato assolutamente. E, non mi sto riferendo solo al suo aspetto fisico.

"Peccato" dirà più avanti "avrei voluto iniziare con una schiacciata o con una tripla." Anche da queste dichiarazioni si capiva già cosa avesse dentro. Nonostante i Cavs avessero perso con Sacramento il loro match d'esordio, a nessuno importava più di tanto il risultato. Tutti pensavano solo a come avesse giocato James, al suo impatto sulla squadra e a quanti punti avesse segnato. Alla fine del match sarebbero diventati venticinque, con quarantadue minuti di presenza in campo. Un'enormità, considerando la sua età e la sua poca esperienza nell'affrontare dei giocatori "veri". Non le sue qualità tecniche. Quelle si erano rivelate in pochi attimi, di fronte a trenta milioni di telespettatori: primo tiro, primo canestro da due. Messaggio ricevuto da tutti.

Con quella partita, era iniziata la nuova era dei Cavaliers, una delle squadre più sfigate della lega, per tanto, troppo tempo. Di idoli veri per cui tifare, i fan dei Cavs, nella loro storia, ne avevano avuti davvero pochini. Tra questi Brad Daugherty, un lungo atipico, Mark Price un playmaker vecchio stile e Craig Ehlo, un difensore di buona caratura, costantemente umiliato però da Michael Jordan, negli anni Novanta. Per il resto, c'erano state stagioni in cui i tifosi andavano addirittura alla Gund Arena con i sacchetti di carta del fruttivendolo calati sulla testa, con due buchini per gli occhi per non perdersi lo scempio che andava in scena in campo. Si vergognavano della propria squadra!»

«E poi, col Prescelto, è cambiato tutto» si era inserito Federico.

«A parte i risultati, che, pur mancando i playoff nella stagione 2003-04, avevano visto i Cavs migliorarsi in maniera clamorosa, con diciotto vittorie in più rispetto all'anno precedente, LeBron aveva avuto un impatto sull'economia della squadra, della città e anche di tutta la NBA che, oggi, potremmo paragonare a quello di Taylor Swift con i suoi concerti. Pensate che, prima di LeBron, i Cavs venivano offerti, in trasferta, con tutte le promozioni possibili, ma, nonostante questo, le arene rimanevano mezze deserte. Con lui in formazione, invece, era davvero cambiato tutto, anche il look della squadra era stato completamente ridisegnato, a partire dalle maglie di gioco. Un taglio netto col passato, pensando a un futuro da campioni. Intanto, James aveva chiuso la stagione con venti punti a partita, il premio di *rookie* dell'anno, ma soprattutto, cosa mai capitata prima, tutti i riconoscimenti da matricola del mese, da novembre ad aprile. Carmelo Anthony, il secondo giocatore scelto a Denver nel draft, poteva solo raccogliere le briciole. Sui giornali si parlava solo del Prescelto.»

E anche sul nostro aereo.

10

«Quindi, se proprio vogliamo fare un paragone con gli altri grandi della storia del basket, nemmeno James ha vinto al primo colpo. Se non sbaglio, l'unico a riuscirci è stato Magic nel 1980. Per tutti gli altri, compreso Jordan, c'è voluto del tempo.»

Bravo Massimo, giusta riflessione. «In effetti, oggi come allora, puoi essere pure il Silver Surfer della pallacanestro, ma se non ti costruiscono la squadra giusta attorno, non vincerai mai. Come dicevamo, la carriera di Jordan parla da sola, ma se vogliamo, anche quella di Julius Erving, per fare un altro esempio, ha percorso la stessa strada. The Doctor, tralasciando il suo periodo in ABA con i Nets, che, per tanti motivi, non può far testo, era arrivato a Philadelphia con le grandissime aspettative di una città che ha i tifosi più esigenti, ma anche più rognosi, d'America. Nonostante il suo gioco spettacolare e redditizio, i Sixers non erano mai riusciti ad andare fino in fondo, fermandosi sempre a un passo dalla meta, per tentare di rivincere un titolo che mancava dal 1976. E la squadra che Erving aveva intorno non era assolutamente male: Maurice Cheeks come cervello, Doug Collins tuttofare, Caldwell Jones e Darryl Dawkins nel mezzo, eppure niente, l'anello l'avevano annusato per anni, ma a vincerlo era sempre qualcun altro. Poi, con uno scambio di mercato tra quelli che storicamente hanno fatto maggiormente la differenza, Phila aveva acquisito Moses Malone da Houston, il prototipo del centro classico, dominatore in aerea, soprattutto in difesa. Con lui e con l'ulteriore aggiunta di Marc Iavaroni, una specie di fabbro (per come picchiava sotto i tabelloni), che in precedenza aveva giocato anche in Italia, i Sixers, alla fine, avevano finalmente ritrovato il sapore della vittoria.»

«Mio padre» aveva ripreso Federico «mi raccontava che anche per Jordan non è stato semplice...»

«Esatto, come dicevamo, anche MJ ha dovuto aspettare ben sette anni prima di vincere il suo primo anello. Nel 1984, quando Chicago lo aveva scelto, i Bulls erano davvero poca roba, molto simili ai Cavs pre-LeBron, ma con la differenza che, non aspettandosi da subito un simile impatto da parte di Jordan, non avevano minimamente considerato di investire, già dall'inizio, per mettergli intorno un meccanismo vincente. Anzi, per qualche stagione antecedente al primo titolo, avevano fatto fatica ad ascoltarlo, nonostante la sua crescita, anche a livello di personalità (e di richieste) fosse davanti agli occhi di tutti.»

«Invece a Magic è andata diversamente.»

«Direi proprio di sì, capitano, per mille motivi, comprese diverse congiunzioni astrali molto favorevoli. Quando Johnson è arrivato ai Lakers, la squadra aveva già buona parte del telaio del futuro, ben testato e consolidato. Il re era Kareem Abdul-Jabbar, senza ombra di dubbio il miglior centro di tutta la NBA. Intorno a lui un gruppo di ottimi giocatori, che stavano entrando nel loro *prime*, nel periodo migliore della loro carriera. Per fare il definitivo salto di qualità e ritornare a essere la squadra da battere, come quella degli anni Settanta di West e Baylor, mancava un tassello: Magic, appunto. Come raccontavo poco prima, mentre lei, capitano, ci stava portando in quota, quello che accomuna veramente Johnson e James è la straordinaria duttilità di entrambi, che permette loro di poter ricoprire, all'occorrenza, tutte e cinque le posizioni in campo.»

«Come in gara sei della finale del 1980» aveva proseguito ancora il primo ufficiale «quando Magic giocò da pivot per tutta la partita.»

«Ma quante ne sa» aveva commentato Massimo.

«Guido, abbiamo trovato uno che potrebbe commentare la NBA al suo fianco...»

«Se vuole Cap, tra un volo e l'altro, sa dove trovarmi. Quella» avevo continuato «dovrebbe entrare nella storia dei match più belli di tutti i tempi. Di incontri incredibili, e non solo in NBA, ne ho visti tanti, ma quello mi è rimasto davvero dentro, forse anche per la fortuna che ho avuto.»

«Non mi dica» aveva dubitato Massimo «che ha visto dal vivo anche quello...»

«In maniera davvero rocambolesca, ma... sì.»

«Dai, Guidone, ci racconti.»

L'attesa aveva fatto scivolare Federico su un tono più che confidenziale, senza che se ne rendesse conto. Beata innocenza. Senza darci peso, lo avevo accontentato.

«Nell'autunno del 1979, dopo aver visto la prima di Magic contro i Clippers, ero rimasto a Los Angeles, sempre ospite della famiglia del supertifoso Bernie. Poi, per Natale, ero tornato a Milano per le vacanze, sino a quando Shelley, la moglie di Bernie, non mi aveva telefonato per dirmi che mi aveva iscritto a un corso di giornalismo alla UCLA e se l'idea mi fosse piaciuta avrei potuto andarci. Non costava tanto e, non dovendo praticamente pagare vitto e alloggio, avevo convinto i miei a "sponsorizzarmi" il volo. Ovviamente, una volta a Los Angeles, al di là degli studi e a trovarmi un lavoro saltuario per potermi mantenere, il resto dei miei pensieri era tutto per i Lakers e per la stagione del loro rilancio definitivo. Nel frattempo, avevo cominciato a scrivere qualche articolo per il quotidiano *La Notte*, al quale avevo venduto la mia dimestichezza con lo sport e lo showbusiness losangelino. Il mio nuovo status di giornalista mi aveva così permesso di presentarmi al Forum, negli uffici della squadra, per cercare in qualche modo di non dipendere più dai biglietti di Bernie. Non so come, ma avevo convinto il nuovo addetto stampa dei Lakers di poter magnificare le gesta della squadra anche in Italia, tanto da meritarmi un pass per tutta la stagione, playoff compresi. In quel periodo, con il duo Magic-Jabbar che stava dominando, trovare un modo per entrare al Forum era un'impresa davvero impossibile. Avevo tra le mani qualcosa di inestimabile, che avrei spremuto fino all'ultimo incontro del campionato.

Dopo una stagione regolare chiusa al primo posto e i playoff senza troppi sobbalzi, i Lakers erano arrivati in finale, dove invece di Boston, si erano ritrovati Philadelphia. Niente rivincita quindi, della finale di college di un anno prima tra Magic e Bird, ma piuttosto Julius Erving, nel suo *prime*, che avrebbe affrontato faccia a faccia uno di quelli che sarebbe potuto diventare presto il suo erede. Contro i Sixers, i Lakers avevano il fattore campo, per la loro miglior classifica complessiva. Prime due partite, quindi, in casa.

Con l'accredito in tasca e il mio posto confermato nell'ultima fila della tribuna stampa, avrei assistito alla mia prima partita di una finale NBA. Un sogno, in tutto e per tutto! Dalla voce unica di Lawrence Tanter, lo speaker del Forum, alle mitiche *Laker girls*. Ma soprattutto, con quel pass, potevo girare e andare dove volevo, prima e dopo la partita. E a bordo campo c'erano Jack Nicholson, Dyan Cannon, John Travolta, Arnold Schwarzenegger. Tutti a un passo da me.»

«Mi sembra di vedere la scena» mi canzonava Niccolò «Schwarzenegger che dà di gomito a John Travolta: oh, hai visto, c'è Bagatta...»

«È andata esattamente così» lo avevo assecondato ridendo, prima di proseguire: «Los Angeles aveva vinto la prima partita in casa, perdendo poi la seconda, sempre al Forum, tre giorni più tardi. Sull'1 a 1, ci si era trasferiti allo Spectrum di Philadelphia, io però ero rimasto a casa, per mancanza di fondi per il volo, ma soprattutto perché, con la tribuna stampa stracolma, i Sixers non mi avrebbero concesso l'accredito.

Anche in Pennsylvania le due squadre si erano divise la posta, quindi erano tornate al Forum per una partita che comunque non avrebbe potuto essere decisiva per il titolo. L'avevano vinta i Lakers con Jabbar che però si era stortato una caviglia, in un modo che, a prima vista, non sembrava particolarmente grave. Grazie a quella vittoria, dopo due giorni avrebbero potuto consacrarsi campioni, anche davanti al pubblico nemico di Philly.

A quel punto, c'erano voluti pochi secondi a elaborare una convinzione: non potevo non esserci, allo Spectrum. Se avessero vinto, non me lo sarei mai perdonato, se invece avessero perso, ci sarebbe comunque stata gara sette a Inglewood. Mancavano però, anche stavolta, i due fattori principali per il mio viaggio: i soldi per il biglietto e l'accredito per lo Spectrum. Per il primo, non so come, in un'agenzia di viaggio mi avevano trovato uno di quelli che in America chiamano *red-eye flights* ("voli con gli occhi rossi") perché si viaggia di notte, dormendo poco e male. Il mio sarebbe partito a mezzanotte da Los Angeles, per arrivare a mezzogiorno a Philadelphia. Il ritorno aveva praticamente gli stessi orari, ma rovesciati, con l'arrivo anticipato, grazie al fuso orario ritardato della California. Costo totale dell'operazione: poco più di cento dollari, un affare, che però non potevo comunque permettermi. Inginocchiandomi di fronte al cofano della sua Cadillac Seville, allora, avevo chiesto un prestito a Bernie, che, considerato lo scopo dell'implorazione, non aveva esitato più di tanto a contribuire alla causa, pur sapendo che, almeno a breve, quei soldi non li avrebbe più visti».

«Ma sembra la trama di un film» aveva allora sussurrato Massimo, a cui mancavano solo i popcorn. Per intanto, si era dovuto accontentare del succo d'arancia che, nel frattempo, ci aveva portato un'assistente di volo.

«Ogni tanto, ci penso anch'io» gli avevo risposto prima di riprendere il racconto, anche se ai tempi, ovviamente, non avevo realizzato quello che stavo facendo.

Risolto il problema del viaggio, dovevo capire come potermi accreditare a Philadelphia, per una partita che, per i padroni di casa, era la più calda degli ultimi dieci anni, molto più delle due che i Sixers avevano già giocato allo Spectrum. Senza niente in mano, avevo deciso di tentare comunque la sorte ed ero partito. Al massimo mi sarei fatto un giro a *Phila*, per poi tornarmene in California il giorno dopo. Arrivato in città, mi ero presentato allo Spectrum sei ore prima della partita. A un impiegato dei Sixers aveva spiegato per filo e per segno la mia situazione, mostrandogli tutti i pass dei Lakers a mio nome, cercando anche di impietosirlo, col racconto del mio viaggio e della mia carriera che poteva ottenere una svolta, grazie a lui. Niente da fare, non c'erano più posti, in nessun angolo del Palazzo.

«Nooo, che peccato» aveva commentato Federico anticipando il finale prevedibile. Ma il bello della vita è che le cose migliori sono spesso quelle impossibili.

«Stavo quasi per andarmene quando, praticamente senza accorgermi, era spuntato un altro tizio, che aveva sentito tutta la conversazione, e così, dal nulla, aveva offerto il suo illuminante colpo di genio: "Perché non gli date un pass da fotografo? Fallo sedere in fondo, sotto il canestro. Lì ci sta, volendo". In quell'ufficio, era caduto il silenzio. Dieci secondi che sembravano lunghi quanto un'intera partita, poi l'omino dei Sixers, dopo avermi scandagliato dalla testa ai piedi, aveva emesso il suo verdetto: "Se ti va bene per me sei ok.

Una cosa, però, te la devo chiedere: hai con te una macchina fotografica?". "In tutta onestà no, signore" gli avevo risposto, senza pensare al fatto che avrei potuto anche mentire. "Beh, allora vedi di procurartela, perché senza quella non se ne parla di entrare, chiaro?" "Non c'è problema, grazie."

Qualche ora dopo, ero in piedi, sotto il canestro, dove si stavano scaldando i Lakers. Poco più in là, una striscia di nastro adesivo per terra indicava il posto dove mi sarei seduto. Tra teleobiettivi che avrebbero inquadrato nitidamente una pulce sulla luna, io stringevo in mano una Kodak Instamatic costata meno di una loro pellicola, davvero pochi dollari. Quelle del classico turista sprovveduto, comprata lì dietro, da Walmart. D'altra parte, cosa mi aveva detto? Di trovarmi una macchina fotografica e io l'avevo fatto. Mica aveva specificato il modello.

Poco dopo, dal basso verso l'alto, avevo assistito a quella che, almeno per me, rimane la più grande prestazione di un giocatore nella storia del basket. Al posto di Jabbar che, alla fine, non era nemmeno salito in aereo a causa della caviglia, Magic aveva giocato da centro per almeno metà incontro, per poi dividersi anche nelle altre quattro posizioni sul campo.

Grazie ai suoi quarantadue punti, sommati a quindici rimbalzi e sette assist, i Lakers avevano stracciato i Sixers, portandosi a casa il loro settimo titolo. Magic aveva ventun anni. Da lì in poi, in quarantaquattro stagioni, io ho visto solo un uomo con le caratteristiche per giocare in cinque ruoli e dominare come lui: si chiama LeBron. Ecco perché, quando mi chiedono a chi possa assomigliare di più il nostro Prescelto, ho sempre la risposta pronta.»

«Sì» voleva concludere Massimo con l'informazione che reputava più importante di tutte «ma ci dica una cosa: come le sono venute le foto, con quella Kodak?»

«Non sono venute. Ho fatto finta di scattare per tutta la partita.»

11

Il capitano ci aveva salutato con un sorriso, dicendoci che la sua mezz'ora d'aria era finita. «Rimarrei qui con voi a parlare di basket fino all'arrivo a Los Angeles, ma il dovere mi chiama.»

Poco dopo, quasi a farlo apposta, l'aereo aveva cominciato a ballare in maniera decisa. I passeggeri che erano in piedi, nel corridoio, si erano affrettati a tornare seduti, prima ancora dell'annuncio ufficiale che non aveva tardato ad arrivare: «Gentili passeggeri, chi vi parla è il primo ufficiale di bordo. Stiamo attraversando una turbolenza polare, che pensiamo di oltrepassare entro mezz'ora. Vi preghiamo di rimanere seduti, con le vostre cinture allacciate, fino a che il dispositivo luminoso non sarà spento. Equipaggio, sospendete il servizio di bordo e accomodatevi nelle vostre postazioni».

Eccetto quest'ultima parte, che mette sempre un po' sul chi va là anche i passeggeri più serafici, il resto dell'annuncio era da considerarsi di routine, soprattutto per una rotta come la nostra, con l'attraversamento di due continenti e un oceano. In questo caso, ciò che faceva sorridere, almeno noi tre del «nuovo club basket alta quota», era che, fino a qualche minuto prima, il pilota stava lì a chiacchierare di Magic e LeBron.

Il disagio era continuato un po' più della mezz'ora predetta, con un paio di vuoti d'aria che non erano stati proprio piacevoli. Poi, come accade praticamente sempre, dopo un'ultima bella shakerata, tutto era terminato in pochi secondi, facendoci ritornare a un viaggio tranquillo.

«Sa, di questi tempi» aveva commentato Massimo, che, dei tre, era sembrato quello più preoccupato durante la turbolenza «con quello che si legge su quei voli che si infilano in perturbazioni che i radar non rilevano, non si può mai sapere. Comunque bene così, almeno adesso possiamo mangiare tranquilli.»

Già mangiare? In teoria, nel mio personale piano di volo, avrei dovuto saltare il pasto e dormire il più possibile. A quel punto, però, avevo capito di non avere scelta, quindi mi conveniva gustarmi il menù di ITA e poi vedere come sarebbe proseguito il viaggio.

«A proposito di voli» mi aveva chiesto Federico «ma è vero che tutte le squadre della NBA viaggiano con l'aereo privato?»

«Da qualche anno è così per tutte, sì. Il volo di linea non è più praticabile, anche per l'accordo firmato tra il sindacato dei giocatori e la stessa NBA. La differenza adesso la fanno le squadre più ricche, che non affittano un aereo ogni volta che una trasferta lo richiede, ma ne hanno uno loro, preso in leasing per un lungo periodo e arredato all'interno come fosse una prima classe ancora più lussuosa, con ogni tipo di amenità a bordo.

E pensate che, vent'anni fa, quando LeBron era arrivato ai Cavs, la squadra viaggiava spesso con i voli di linea! Nel 2005, quando Dan Gilbert, l'attuale proprietario, aveva comprato la franchigia, una delle prime cose che aveva fatto era stata migliorare radicalmente tutti gli aspetti di contorno, rispetto al basket giocato sul campo. E uno di questi, riguardava proprio le trasferte.»

«Dicevamo prima» aveva ripreso Massimo «che, quasi anticipando l'arrivo di James, i Cavs avevano provato a circondarlo dei migliori giocatori acquisibili sul mercato, per cercare di andare subito al dunque, senza aspettare, come ci raccontavi, le sette stagioni dei Bulls con Jordan. Eppure, Cleveland era sì migliorata, ma aveva fatto ancora tanta fatica, LeBron o non LeBron.»

«Verissimo. Addirittura, nelle prime due stagioni con il Prescelto in formazione, nonostante le sue cifre in costante aumento, i Cavs non erano neppure arrivati ai playoff. Ma c'è un motivo per tutto questo, anzi un paio se vogliamo. Il primo riguarda i giocatori che furono presi sul mercato praticamente in contemporanea al suo arrivo, nell'estate 2003. C'era stato sicuramente un miglioramento, rispetto al roster precedente, ma non si può certo dire che Jason Kapono, Jelani McCoy e Tony Battie, citando qualche nome, così a memoria, potessero essere considerati come il "core" di un gruppo che di lì a poco avrebbe dovuto conquistare il mondo. Il secondo, invece, è proprio LeBron con il suo ego smisurato, che gli aveva già dato dei problemi anche con la nazionale olimpica americana del 2004, quella sconfitta ad Atene dall'Argentina, in semifinale. Arrivando a Cleveland, James e il suo agente di allora si erano occupati praticamente solo di lui e soltanto di lui. Il resto, compagni di squadra compresi (che più avanti, LeBron, come tutti gli altri grandi, capirà essere fondamentali in un gioco collettivo, dove non si vince quasi mai da soli) erano dettagli, lasciati ai margini. James non aveva chiesto specificatamente alla proprietà di prendergli qualcuno, cosa che, se vogliamo, sarebbe sempre un bene, perché un atleta non dovrebbe mai interferire sulle mosse di mercato. Ma in questo caso stiamo parlando del Prescelto e del fatto che lui non si era mosso, perché convinto di potercela fare da solo.»

«Per Magic, invece, non era stato così?» aveva chiesto Niccolò.

«Assolutamente no! Nei Lakers di allora, c'era già Kareem che era la stella della squadra. Al suo fianco c'era gente come Nixon, Cooper e Wilkes che erano dei comprimari di lusso. James, invece, era entrato nello spogliatoio dei Cavs già da capo designato. Il secondo nella lista dei più importanti lì dentro era Zydrunas Ilgauskas. Per l'amor del cielo, pivot fondamentale, più avanti, proprio per la carriera di LBJ, ma non certo uno che voleva e poteva fare il suo secondo.»

«Quindi anche con Gilbert, con i suoi soldi e la sua passione per i Cavs non era stato affatto facile arrivare in vetta alla lega.» Massimo, l'unico interlocutore adulto rimasto dopo il rientro in cabina del comandante, mostrava la maturità di chi sul piatto della bilancia mette tutti gli elementi. Non potevo che dargli ragione: «No, tutt'altro. La sua carriera aveva preso una china molto simile, come detto, a quella di Michael Jordan. Tanti successi personali, sempre più importanti, stagione dopo stagione, ma per la squadra molto meno di quanto ci si poteva aspettare. Al suo terzo anno nella lega, i Cavs targati James, alla fine, erano riusciti ad arrivare ai playoff, in una stagione in cui lui aveva segnato più di trenta punti a partita, mettendo la freccia, se ce ne fosse ancora bisogno, su qualsiasi altro possibile concorrente per il titolo di re della lega, escludendo solo Kobe Bryant. "King James", l'altro suo soprannome più utilizzato, è nato proprio in quel periodo. Conquistata la post-season e passato il primo turno con Washington, per i Cavs era però arrivato quasi subito quello che gli anglosassoni chiamano *reality check*, ovvero l'eliminazione, da parte di Detroit, netta e insindacabile. I Pistons non avevano un James in formazione, ma erano più squadra e lo si è visto dal primo minuto della serie. A Cleveland, a parte James, mancava ancora un po' tutto per giocarsela a quei livelli, a partire dalla fase difensiva. E questo nonostante i Cavs avessero cambiato allenatore a inizio stagione, affidandosi a un giovanissimo e caldissimo Mike Brown, consigliato a Gilbert, indovinate un po' da chi? Risposta facile e scontata.

Brown aveva come primo compito quello di riuscire ad amalgamare James con i nuovi arrivi che, nel giro di pochi mesi, avrebbero dovuto costituire l'ossatura vincente dei Cavs. Nella prima stagione della gestione del nuovo coach, l'esperimento era riuscito a metà. Comunque, per circondare il re, avevano continuato a giungere buoni giocatori (ma non le star), come il brasiliano Anderson Varejão, tanto per farvi un nome. Poi, però, le speranze che fosse già arrivato l'anno buono erano crollate, mostrando a tutti che c'era ancora tanto da lavorare.

In quell'ottica, nell'estate del 2006, prima di ritornare in palestra per prepararsi al campionato successivo, ai Cavs era però successo qualcosa che al momento, quasi tutti avevano sottovalutato, ma che avrebbe invece influito in maniera clamorosa sulla loro storia. Consigliato dal suo nuovo potentissimo agente Leon Rose, ma soprattutto da un gruppo di suoi fiduciari che gestiva già la società incaricata di occuparsi del marketing del brand LeBron, il Prescelto aveva deciso di non firmare il contratto quinquennale che gli offriva il club, preferendo invece legarsi ai Cavs solo per tre anni, dopo i quali sarebbe diventato free agent. In pratica, nel 2010, sarebbe stato libero di scegliere se restare in Ohio o andarsene altrove».

«E perché questa decisione avrebbe influito così tanto su Cleveland?» aveva domandato Federico.

«Beh, col senno di poi suonava come un avvertimento: se non vinciamo nel medio, allora sappiate che potreste anche perdermi, cosa che, per altro, come la storia della NBA ci insegna, è poi puntualmente accaduta. Ma non andiamo troppo in là coi tempi, procediamo per gradi. Il campionato 2006-07, fin dalle prime uscite, sembrava quello buono, per fare il definitivo salto di qualità. La stagione regolare era finita con il secondo posto nella Conference, il che significava che, se LBJ avesse voluto arrivare almeno in finale, sarebbe dovuto riuscire a battere Detroit, ancora una volta col fattore campo contro. Quella edizione dei Pistons non era parente stretta dei bad boys di Isiah Thomas, Bill Laimbeer e Rick Mahorn, ma era comunque una squadra piena di talento, con Chauncey Billups e Rasheed

Wallace ai due estremi del suo asse portante. La serie si era infuocata immediatamente, con lo spigoloso Wallace che in difesa voleva lasciare subito il segno su LeBron. La partita cruciale era stata la quinta, che Cleveland aveva vinto a Detroit con una prestazione jordanesca del Prescelto, il quale, alla fine, ne aveva segnati quarantotto, ma, soprattutto, con i Cavs che, nell'ultimo quarto avevano deciso che doveva essere lui da solo a prendere per mano i suoi e a portarli alla decisiva gara sei, che Cleveland aveva poi vinto, arrivando alle prime Finals dell'era James.

Peccato che poi, in finale, il talento di LeBron si fosse dovuto scontrare con quello di San Antonio, distribuito tra Tim Duncan, Tony Parker e Manu Ginóbili, solo per nominare alcuni dei protagonisti texani. Gli Spurs avevano vinto con un nettissimo 4-0.»

«Quasi gli stessi Spurs contro i quali avevi giocato tu nel 1999.» Massimo, con aria parecchio soddisfatta, aveva voluto sottolineare la mia esperienza facendo strabuzzare gli occhi ai due giovani.

«In che senso contro gli Spurs?» mi aveva allora domandato Niccolò.

«Intendeva a NBA 2K, alla console» aveva suggerito Federico. «Anch'io ci gioco da qualche anno. Bellissimo.»

«No no, dico sul serio, nel McDonald's Open, era il 1999. Se Guido non vuole parlarvene» aveva proseguito Massimo, intercettando il mio disagio «ve la racconto io, questa storia, anche perché ha dell'incredibile.»

«Sì, la prego» si era sollevato da un coro a due voci.

«Ma anche no» mi ero opposto. «Parliamo di quelli veri, che è meglio.»

«E perché, Guido, gli Spurs campioni, per la prima volta nella loro storia, erano forse finti? E la sua Varese con Pozzecco e Meneghin come stelle, era forse da meno? Non direi.»

A quel punto, mi ero arreso. Massimo si era preso la palla come il pilota aveva fatto coi comandi ed era partito con il racconto.

12

«Tu, Federico» aveva attaccato Massimo «hai mai visto una partita NBA dal vivo?»

«No, purtroppo ancora no, anche perché non sono mai stato in America, questa è la mia prima volta.»

«Beh, come saprai, c'è stato un periodo in cui i pro venivano anche in Italia per delle partite esibizione, ma non solo. Nel 1999 a Milano si disputò l'ultima edizione del McDonald's Open, una specie di campionato del mondo per club, con i campioni NBA, quelli dell'Eurolega, quelli del Sudamerica, quelli dell'Oriente, più i vincitori dello scudetto della nazione ospitante. In quella stagione gli Spurs, come dicevamo, avevano conquistato il loro primo anello, mentre Varese era reduce dalla cavalcata scudetto, arrivata con la piena maturazione di Meneghin e Pozzecco, appunto. Dopo quell'appuntamento, però, a differenza di Francia, Spagna, Germania e Inghilterra, la NBA decise che l'Italia non faceva più parte del suo cerchio magico, iniziando a organizzare anche delle partite di stagione regolare in Europa senza, appunto, noi.»

«L'anno scorso stavamo per andare a Parigi a vedere proprio Cleveland contro Brooklyn» aveva proseguito Federico «poi ho dovuto rinunciare per la scuola.»

«Comunque, nell'ottobre del 1999, per la prima volta in Italia, una nostra squadra ha giocato una partita ufficiale, con qualcosa in palio, intendo, contro un club NBA. Rispetto alla formazione che aveva vinto da pochi mesi lo scudetto della stella, Varese aveva cambiato praticamente tutti gli stranieri, oltre all'allenatore, Charlie Recalcati, che era passato alla Fortitudo. Nonostante tutti questi stravolgimenti, aveva tenuto testa ai campioni NBA per più di trenta minuti e parliamo di una squadra con Tim Duncan e David Robinson in mezzo, che alla fine aveva prevalso grazie all'esperienza e alla panchina lunghissima. Detto questo e inquadrata storicamente la vicenda, nel quarto periodo della partita, Varese aveva mandato in campo il signore che hai al tuo fianco, che, caso unico nella storia dello sport, ha avuto l'occasione di giocare, da persona "normale", e con questa definizione non credo di offenderlo una vera partita NBA per giunta contro i campioni in carica.»

«Ma non ci credo, ci state prendendo in giro» aveva commentato Niccolò. «Dai, com'è possibile?»

Intorno a me, era calato il silenzio.

«Lo sapevo che avreste reagito in questo modo» ero intervenuto io «mi capita spesso, soprattutto con i più giovani, quando viene fuori questa storia. Allora lasciate che vi spieghi: qualche mese prima, ero in vacanza a Pesaro con Pozzecco. Quasi per gioco, tra una birra e l'altra, gli avevo buttato lì l'idea di giocare assieme a lui il McDonald's, che a tutti, ma proprio tutti, sarebbe sembrata una follia. Invece il Poz, che, almeno allora, era tra le persone più folli e geniali che ho conosciuto, la prese quasi come una sfida personale. Raccolse il suo cellulare, spiegò in trenta secondi l'idea all'allora presidente di Varese Edo Bulgheroni e, in un amen, l'impossibile si era trasformato in realtà.»

«E poi?» aveva chiesto ancora Federico. Cominciavano a credere che fosse accaduto davvero e non si trattava di una partita alla PlayStation.

«E poi, a fine settembre, mi sono presentato al raduno di Varese, mi sono allenato una settimana con loro, facendo la vita da pro, in campo e fuori, trattato come uno dei quindici giocatori presenti al campus, stranieri compresi.

In un flash era poi arrivato il giorno della prima partita, contro il Sagesse, squadra libanese che rappresentava l'Asia, battuta abbastanza agevolmente. Il coach mi aveva fatto giocare per qualche minuto, avevo tirato tre volte, senza mai segnare. Il giorno dopo c'erano gli Spurs ad aspettarci. Partita vera, durissima, con Robinson che, dopo qualche minuto, con un brutto fallo, aveva rotto un braccio a Daniel Santiago, il nostro centro, che lo stava quasi ridicolizzando. Nell'ultimo quarto, a giochi fatti, era toccato a me entrare. Due minuti, una palla persa ma anche, l'essere marcato da Antonio Daniels, l'aver preso un blocco da Samaki Walker e, soprattutto, dopo gli inni, aver scambiato i gagliardetti con Steve Kerr, quello che adesso conoscerai perché allena Golden State, che era schierato di fronte a me.»

«Pazzesco, altri ricordi?»

«Migliaia. Come capirete, è stata la giornata più bella della mia vita. Gregg Popovich che aveva chiesto, in conferenza stampa, chi fosse *that old man* in campo per Varese, il Forum gremito di gente, l'insegnare a Duncan due parole in italiano, che avrebbe usato per ringraziare il pubblico. Insomma, un sogno.»

«Peccato solo che alla fine non abbia segnato» si era rammaricato Massimo.

«In realtà, poi... sì. Nella partita per il terzo e quarto posto, contro Kaunas, campione di Eurolega, era anche arrivato un canestro da fuori, la ciliegina sulla torta. Ma, forse, il momento più toccante di quella serata magica contro gli Spurs è stato il minuto di silenzio per la scomparsa di Wilt Chamberlain. Eravamo tutti schierati in campo, la notizia era arrivata poco prima, molti non ne sapevano nulla.»

«Chamberlain, quello dei cento punti in una partita?»

«Sì Niccolò, proprio lui. Uno dei più grandi di sempre, che non ho messo nel mio superpoker iniziale, solo per mancanza di spazio. Il primo atleta della storia della NBA a dominare totalmente gli avversari, tanto che ricordarlo solo per i cento punti segnati nella partita nel 1962 contro New York, è una *diminutio* bella e buona. Nella sua carriera ha messo in fila numeri da paura, sia con Philadelphia che con Los Angeles.»

«Un Lakers anche lui» aveva sottolineato Federico.

«Eccome, anche se con Los Angeles, alla fine, ha vinto un solo titolo. Comunque uno che in una stagione della sua carriera NBA, ha avuto una media di cinquanta punti e quasi venticinque rimbalzi a incontro. Numeri che oggi, anche per gente come Jokić, Antetokounmpo o per il nostro LeBron, sarebbero davvero impensabili.»

«Per loro ma non per lei» aveva scherzato Massimo «se solo non si fosse ritirato dopo quella partita.»

13

Grazie a Wilt Chamberlain, eravamo usciti dal cunicolo McDonald's per tornare a parlare di Lakers, LBJ e degli incredibili quarant'anni che stava per compiere.

«Chamberlain» avevo proseguito «quando si era ritirato dalla NBA, aveva trentasette anni, ma fisicamente ne dimostrava molti meno, un po' come LeBron. A differenza sua, però, non si può dire che conducesse una vita da atleta, nel senso più puro del termine. Se di James, infatti, sappiamo pochissimo della sua vita sociale extra basket, Wilt era diventato, ai tempi, una vera e propria star anche fuori dal campo.

In America, raccontano che il termine *womanizer*, estremizzazione dell'italiano "donnaiolo", sia stato coniato proprio per lui, dopo che in un'intervista aveva dichiarato di aver avuto rapporti con almeno diecimila donne diverse. Molto probabilmente un'esagerazione, ma che comunque dava il contorno perfetto del personaggio, anche fuori dal rettangolo parquettato.

Se Wilt era diventato uno da prima pagina anche per i magazine di gossip di quel tempo, LeBron ha invece fatto di tutto per evitare ogni contaminazione esterna per la madre Gloria, per Savannah, la sua compagna da sempre, e per i tre figli nati dalla loro unione, che ha sempre cercato di proteggere il più possibile. Quello che è successo recentemente con Bronny e il suo arrivo in casa Lakers ha un po' mutato questo proposito, ma comunque ci sta, trattandosi sempre di pallacanestro.

Su quanto sarebbe successo a livello mediatico, con il sempre più prossimo passaggio al professionismo del figlio, una specie di "tragico" antipasto lo si aveva già avuto quando, nel luglio del 2023, Bronny, matricola all'università di Southern California, durante un allenamento era stato colpito da un infarto. Sin dai primi minuti, quando si era diffusa la notizia, James aveva fatto di tutto per proteggerlo da ogni possibile indiscrezione sul suo stato di salute, ma ci era riuscito solo in parte, fino al momento del primo bollettino medico ufficiale che parlava di una malformazione congenita al cuore. Da quel momento, la news era deflagrata.»

«Malformazione come quella di Eriksen?» aveva azzardato Niccolò.

«Esatto, lo svolgersi dei fatti, paragonato a quello che era successo all'ex giocatore dell'Inter, era molto simile» gli avevo risposto. «Sembrava che l'erede del Prescelto non avrebbe mai più potuto giocare, ma poi, grazie a un intervento seguito da una terapia particolare, il tutto si era miracolosamente risolto, tanto da fargli iniziare la stagione collegiale con appena un mese di ritardo. L'accaduto aveva però fatto capire a James che, da quel momento, tenere le finestre e le porte chiuse attorno alla sua famiglia sarebbe stato davvero impossibile. C'era riuscito per oltre vent'anni, ma quella che in America chiamano *media frenzy*, "impazzimento mediatico", lo aveva di colpo riportato ai giorni del liceo e della famosa copertina di *Sport Illustrated*, quando il mondo, improvvisamente, aveva voluto sapere qualsiasi fatto o aneddoto che lo riguardasse. E l'interesse non era più tanto per i suoi numeri sul campo di gioco, ma sul personaggio a trecentosessanta gradi.

Quelli erano i tempi in cui aveva cominciato a uscire con Savannah Brinson, una ragazzina allora sedicenne, anche lei della periferia di Akron. A differenza di James, Savannah veniva però da una famiglia vera, nel senso che aveva sempre avuto un padre e una madre che l'avevano cresciuta e educata assieme agli altri quattro fratelli. Una famiglia che poco più tardi lo avrebbe praticamente adottato per qualche mese, prima del boom definitivo di notorietà. Ai tempi delle loro prime uscite, lui era già praticamente una star. Lei invece era una semplice cheerleader del Buchtel, un altro liceo, sempre di Akron. E quando era rimasta incinta di Bronny, lui aveva fatto di tutto per rimanerle a fianco il più possibile, nonostante si fosse già trasformato da un "grande tra i bambini", come era al liceo, a un "bambino tra i grandi" tra le file dei Cavs.

In quel periodo, a consigliargli come muoversi, come agire e cosa fare nella sfera personale, onnipresente per un figlio che le deve davvero tantissimo, era stata la futura nonna Gloria. A quel punto, però, per ciò che riguardava il "clan" James, le cose erano cambiate.»

14

Qualche minuto più tardi era arrivato da mangiare, per gli altri, ma non per me. Come richiesto, le hostess non mi avevano portato nulla, per quello che, originariamente, avrebbe dovuto essere il mio riposo in una giornata lunghissima, che non era neppure arrivata a un terzo del suo svolgimento. Il problema era che, cibo a parte, a quel punto non avevo più sonno. Sapevo che c'erano ancora almeno sette ore buone di volo. Era inutile pensarci troppo, anche perché le storie sul Prescelto e sulla mia vita prigioniera di una palla a spicchi mi avevano preso e mi piaceva raccontarle a quello che era diventato un gruppo d'ascolto speciale, dalla soglia di attenzione molto elevata. Mi è sempre piaciuto parlare alla gente, sia per lavoro, durante una convention o un meeting motivazionale di qualche azienda, ma anche in circostanze informali, come in questo caso. Se poi l'argomento è il basket, beh, allora quello che una volta sarebbe stato un ciarlatano di corte (cioè io) per divertire i nobili del caso, poteva davvero dare il meglio di se stesso. Per fermarmi, bisognava abbattermi. Intanto, loro avevano ancora voglia di rituffarsi nella vita di LeBron. Me n'ero accorto perché i tre avevano consumato il loro pasto in pochi minuti, pronti per ricominciare già da subito, con Niccolò: «Alla fine» aveva chiesto «i Cavs avevano continuato a migliorare la squadra attorno a James, tanto da arrivare, finalmente, al loro primo anello o sbaglio?».

L'avevo guardato in un modo un po' strano, cercando di trovare una maniera soft, per smentirlo: «Non direi, Nick. Quei Cavs, alla fine, sono sempre andati a sbattere perdendo occasione su occasione. Nel 2008 si erano infranti contro il muro dei Celtics edizione "tre stelle", mentre l'anno dopo era toccato a Orlando, con un immarcabile Dwight Howard, impedire a Cleveland l'approdo alle finali».

«Guido» insisteva Niccolò «guarda che ti sbagli. Un titolo Cleveland e LeBron, alla fine, l'hanno portato a casa. Ne sono sicuro.»

Intendiamoci, su qualsiasi cosa chiunque si può sbagliare, anche su argomenti e situazioni di cui crediamo di sapere tutto e che alla nostra mente sembrano ovvi e scontati. In genere si chiama «effetto Mandela». Ma se fossi andato lungo su un qualcosa del genere, avrei dovuto preoccuparmi.

«Nick, credo che tu, un po' come Marty McFly in *Ritorno al futuro* sia salito sulla tua personale macchina del tempo. Sei andato indietro, ma non del tutto» gli avevo spiegato. «È vero, i Cavs e LeBron, a forza di provarci, all'anello ci sono arrivati. Ma tra le sverniciate dei primi anni e il campionato vinto nel 2016, c'è una storia nella storia, qualcosa di clamoroso che ha rischiato di bruciare per sempre il mito del Prescelto e che invece consegnerà alla storia, incredibilmente, il campione che noi tutti oggi conosciamo. Se avrai voglia di continuare la nostra conversazione, arriveremo presto anche lì.»

«Ma certo» aveva acconsentito Niccolò, forse un po' imbarazzato, tanto da essersi preso una mezza gomitata riprensiva da Federico.

«Prima però, torniamo ai tanti fallimenti dei Cavs, perché quello decisivo, destinato a stravolgere la loro storia, era arrivato nel 2010, l'ultima stagione di contratto di James. Ricordate la sua firma per soli tre anni, invece di quelli proposti dal club? Bene, eccoci giunti al dunque. Senza dirlo chiaramente, ma facendolo capire un po' a tutti, LBJ si era dato un tempo massimo per la sua permanenza in Ohio. Se non avesse vinto l'anello entro il 2010 avrebbe seriamente valutato di cambiare aria. Ecco perché l'ultima sconfitta in semifinale di Conference, ancora una volta contro i Celtics, si era trasformata in vero e proprio melodramma, con una querelle iniziata con la sirena finale della decisiva gara sei. Per tutta l'annata, gli dei del basket erano sembrati favorevoli ai Cavs, tanto che, per accontentare il loro messia, gli avevano persino portato a casa Shaquille O'Neal. Intendiamoci, nulla a che vedere con lo scintillante Shaq versione Lakers, ma comunque sempre uno che lì nel mezzo poteva dare una mano al Prescelto, attirando l'attenzione delle difese su di lui, per aprirgli nuovi spazi. Tutto quello che però di buono aveva fatto vedere Cleveland in stagione si era schiantato in una disgraziata gara cinque contro Boston, nella quale LeBron, di fronte ai suoi tifosi, aveva giocato forse la sua peggior partita di sempre, almeno a memoria mia. Quindici punti, con tre su quattordici dal campo, sono i numeri poveri e drammatici di quella maledetta serata, numeri che, per assurdo, avrebbero contribuito alla storica decisione presa qualche mese dopo. I Celtics avevano appena distrutto l'idolo della "città senza vittorie" sul terreno amico, a casa sua. Mancava ancora una partita per chiudere la serie, ma LeBron e i Cavs, per quell'incontro, non c'erano praticamente più. La serie era poi finita 4 a 2. Celtics campioni, Cavaliers nel caos totale.»

15

Dopo un buon espresso all'italiana, la nostra conversazione era proseguita verso quello che, per sua stessa ammissione, sarebbe diventato il momento cruciale della carriera, ma anche della vita, di LeBron. Ancora più importante di quando aveva annunciato al mondo intero di bypassare il college, dichiarandosi direttamente per il draft. Quella decisione era comunque stata una di quelle che, in inglese, viene definita *win-win*, nel senso che nessuno, dalla sua famiglia alla NBA stessa, ci aveva perso, anzi. In questo caso, invece, la sua carriera poteva realmente essere a un bivio, non necessariamente positivo.

«Quindi» aveva riattaccato Massimo, oramai praticamente seduto in braccio a Federico «i tifosi dei Cavs, dopo quell'ennesimo fallimento, avevano cominciato ad avere dei dubbi sul loro idolo?»

«Beh, qualcuno sicuramente sì» avevo risposto «sebbene l'intera città, a partire dalla proprietà, avesse anche capito che metterlo in croce per quello che era successo sarebbe diventata una possibile scusa per giustificare la sua necessità di cambiare aria. Ricordiamo che, con la sirena che aveva sancito il finale di gara sei della semifinale, LeBron era praticamente diventato free agent, ovvero padrone totale del suo destino. Da regolamento, l'ufficialità sulla sua decisione sarebbe arrivata il primo luglio successivo, ma il mondo non vedeva l'ora di sapere dove il Prescelto aveva deciso di giocare nelle successive stagioni.

A finali NBA in corso, più che occuparsi di quello che stava accadendo, nella più classica delle sfide tra Lakers e Celtics, tutti parlavano del destino di LeBron e di quanto una sua eventuale partenza da Cleveland avrebbe cambiato il volto dell'intera NBA. Per settimane, l'apertura di ogni notiziario sportivo era stata dedicata a lui e al borsino delle sue possibili destinazioni. Chicago, Brooklyn, New York, Los Angeles, Miami e naturalmente Cleveland. Le percentuali di questi club di accaparrarsi i servigi di James, con tanto di diagrammi a torte divisi in spicchi colorati, venivano continuamente mostrate in video, e come fossero quotazioni di borsa, mutavano di continuo. Un giorno sembravano averla vinta i Bulls, grazie anche all'intervento del presidente Obama, gran tifoso della squadra della sua città; quello dopo invece erano i Nets, con il fascino e il carisma di Jay-Z, azionista della franchigia, ad apparire in netto vantaggio.

Nelle settimane che avevano diviso l'eliminazione dei Cavs dal tanto agognato annuncio, LBJ era rimasto per certi versi fuori dall'occhio del ciclone, per altri, invece, aveva deciso di accettare gli inviti di trasmissioni importanti, quasi volesse preparare la gente a quello che avrebbe annunciato, di lì a poco.

Chiunque sapeva che lo stesso LBJ, con il suo gruppo di lavoro, aveva già esplorato lo status di tutte le città candidate, ma in pochi immaginavano cosa stesse passando per la sua testa.»

«E chi stava trattando?» aveva domandato Niccolò, destatosi improvvisamente da uno stato di apparente disinteresse, intento com'era a scrollare lo schermo del cellulare nell'ultima mezz'ora.

«Guardi, signor Guido» aveva puntualizzato, forse interpretando la mia espressione un po' dubbiosa nei suoi confronti «che la sto seguendo. Anzi, mi sto segnando sul telefono un sacco di cose. Sa, un giorno vorrei fare il giornalista sportivo.»

Contento per quello che avevo appena sentito, da un ragazzino non ancora sedicenne, ma con idee già chiare in testa, avevo dunque risposto alla sua domanda: «Per una situazione come questa, al lavoro per James c'era un bel gruppo di persone, tra avvocati, esperti di finanza, consiglieri di ogni tipo. Ma colui con il quale James si era interfacciato più volte era stato Rich Paul, al tempo il vero astro nascente della *Nouvelle vague*, l'onda nuova degli agenti americani. I due, che si erano conosciuti quasi per caso nel 2002, quando James era ancora al liceo e Paul stava ancora capendo cosa fare nella vita, si erano avvicinati sempre di più, fino a diventare indispensabili l'uno per l'altro.

Entrambi dell'Ohio, entrambi afroamericani, entrambi con un futuro decisamente luminoso davanti a loro».

«Rich Paul» aveva chiesto Massimo «non è l'attuale marito di Adele, la cantante?»

«Esattamente, ma qui stiamo andando troppo avanti

nella storia. Comunque, con il passare dei giorni l'affaire LeBron era diventato una vera e propria telenovela dal finale sul quale pochi potevano scommettere con certezza. Dopo aver ascoltato tutte le pretendenti, il team di James si era accorto che la pressione che stava montando attorno al Prescelto era arrivata a un tale livello che rischiava di danneggiare il loro cliente. Venne allora stabilito come, dove e quando James avrebbe fatto il tanto agognato annuncio. Il tutto sarebbe accaduto nella serata dell'8 luglio, in diretta nazionale sulla ESPN. Nei giorni che avevano preceduto la trasmissione, curando ogni particolare in maniera maniacale, LeBron aveva approvato anche chi lo avrebbe intervistato di fronte a milioni di americani. La scelta era caduta su Jim Gray, gradito per i suoi modi gentili, ma non sottomessi, circondato da altri tre opinionisti di fama. Quello che LeBron avrebbe annunciato sarebbe diventato addirittura un vero e proprio programma, intitolato *The Decision*. Per capire meglio la portata del tutto, pensate che il team LeBron aveva ottenuto dalla ESPN degli spazi pubblicitari, che avrebbe poi rivenduto ai propri sponsor, in cambio dell'esclusiva. Qualcosa di mai visto prima. Come, del resto, era stato per Cleveland, che mai aveva avuto un figlio così importante che amava e da cui è sempre stata amata.»

16

Mentre proseguivo il mio racconto, mi ero reso conto di non aver chiesto praticamente nulla a Federico e Niccolò sull'avventura che stavano per affrontare. In fin dei conti avevano appena quindici anni e comunque, seppur in un mondo oramai globalizzato da satelliti, social e internet, stavano andando da soli dall'altra parte del pianeta. E non per una vacanza, per un corso o per uno stage, ma per una esperienza che avrebbe davvero potuto cambiar loro la vita. Qualcosa che già diversi giovani giocatori italiani hanno fatto in questi ultimi anni, per poi ritornare in patria con una bella esperienza alle spalle, che magari non li aveva poi trasformati in novelli Ja Morant, ma sicuramente li aveva aiutati per il loro futuro sportivo. Il già citato caso di Amedeo Della Valle, andato all'high school in Nevada per poi passare, da protagonista, nel mondo dei college con Ohio State, è quello sicuramente di maggior successo, vista poi la sua carriera nella nostra pallacanestro.

«Scusate ragazzi» avevo allora attaccato «vi osservavo per come stavate ascoltando e interagendo con la storia del Prescelto, ma, a proposito di storie, della vostra ci avete raccontato poco o nulla. Come e perché siete finiti su questo volo e quali sono le vostre aspettative per il prossimo anno?»

«Ma, guardi, signor Guidone» aveva risposto Federico, decisamente meno timido di Niccolò «è nato tutto qualche mese fa, quasi per caso. Noi siamo entrambi di Siena, cresciuti nella stessa contrada. Siamo amici sin da ragazzini, le nostre famiglie si conoscono da sempre. I nostri genitori giocavano assieme nelle giovanili del Costone, poi il cartellino di mio padre era stato acquistato dalla Stella Azzurra di Roma e per questo aveva lasciato Siena, iniziando una buona carriera nelle *minors*, che però, negli anni, lo aveva obbligato a spostarsi un po' dovunque, quasi sempre al Sud. Pensi che io sono nato e ho toccato il mio primo pallone da basket a San Severo, in Puglia. Il papà di Niccolò, invece, ha fatto il percorso inverso, almeno a livello geografico, giocando sempre tra Lombardia e Veneto. Entrambi hanno poi smesso, praticamente in contemporanea, tornando a Siena con le famiglie. Lì, io e Nick siamo finiti in squadra insieme, nelle giovanili della Mens Sana. Lo scorso giugno, finito il campionato under 15 Eccellenza, siamo andati entrambi a un camp, dove abbiamo conosciuto Simone Giofrè, il general manager di Treviso, grande esperto di basket giovanile, che organizza dei camp a Los Angeles, per i ragazzi italiani. Con il suo gruppo, ci siamo trovati davvero bene, loro ci hanno raccontato mille cose su come funziona il mondo dei licei americani e così, una sera, davanti a una pizza è nata l'idea, non solo di andare a qualche camp estivo come avevamo già programmato, ma, visto il nostro livello sul campo, così aveva detto Simone, di provare a giocare un anno in una high school.»

«E i vostri genitori» avevo domandato «cosa vi hanno detto, quando gli avete raccontato della proposta?»

Niccolò aveva parlato per primo: «Il mio babbo ha risposto solo che se costava troppo non ce lo potevamo permettere».

«Il mio, invece» aveva raccontato Federico «aveva chiesto subito di parlare con Simone, preoccupato più del livello di gioco che avrei eventualmente trovato che di altro.»

«Insomma» avevo commentato «poi da lì, visto che stiamo volando in America cinque mesi scarsi dopo quello che mi state raccontando, le cose hanno preso il verso giusto, velocemente.»

«Sì, sì, molto velocemente» aveva ripreso Federico «infatti, la conferma che eravamo stati accettati è arrivata addirittura prima che noi prendessimo una decisione definitiva. A quel punto, con i nostri che ci avevano dato via libera, non potevamo più tornare indietro.»

«E l'esperienza che state per affrontare non vi spaventa un po'?» aveva chiesto Massimo.

«A me un po' sì» ammetteva Niccolò «tanto che, nelle ultime due notti, non ho praticamente dormito.»

Federico, invece, sembrava più sicuro o, almeno, così voleva mostrarsi: «Io non vedo l'ora di vivere dall'interno tutto quello che ho visto mille volte in tele, riguardo le high school americane. Rispetto al nostro liceo, lì è tutta un'altra cosa. Io, almeno, me la sono immaginata così. Credo che saremo impegnati, tra studio e scuola praticamente tutto il giorno. Mi vedo già in mensa a parlare con gli altri e poi le feste, le trasferte, Guido, un sogno...».

«Ma dove andrete a vivere?»

«In una famiglia che abita a due isolati dalla scuola. Io e Fede staremo lì, i loro figli sono oramai grandi e sono al college, quindi ci ospiteranno per l'intero periodo. Il papà ha giocato a basket per tanti anni, anche in Francia e Olanda. Li abbiamo conosciuti su FaceTime, sembrano davvero simpatici e carini.»

«E il basket, inteso come gioco, come ve lo aspettate?» Mi ero accorto che la mia curiosità stava prendendo la forma di un'intervista, era il caso di non andare troppo oltre.

«Beh, credo di poter parlare anche per Nick, sotto quell'aspetto, sicuramente, impareremo tanto, ma ci sentiamo già abbastanza a posto. Arriviamo da una ottima annata con l'under 15 Eccellenza della Mens Sana. Certo sarà dura, ma non vediamo l'ora. Per questo campionato, se riusciremo, entreremo con quasi metà stagione già andata. Ci hanno detto che potremmo anche non far parte dei dodici. Se capitasse, andrebbe bene lo stesso, impareremmo ugualmente tantissimo.»

Mentre i ragazzi parlavano, ripensavo ai miei diciott'anni e alla mia esperienza in una high school del New Jersey. Quelli, per il basket, erano gli anni di Doctor J, David «Skywalker» Thompson e George «Iceman» Gervin, ma anche quelli di Bruce Springsteen, il vicino di casa famoso della famiglia che mi aveva ospitato, poi presto diventato quello che conosciamo.

«Comunque, vedrete» avevo poi concluso «che vivrete un'esperienza fantastica, vi cambierà la vita in maniera positiva. Un'ultima cosa» questa, mi ero ripromesso, era davvero l'ultima domanda: «Ritornando al basket, visto che stiamo parlando di LeBron e del fatto che sia praticamente utilizzabile in ogni posizione, a voi dove piace giocare?».

«Io play.»

La risposta secca era di Federico, indicando poi Niccolò. «Lui guardia. Segna tanto da fuori, tira bene, ma anch'io me la cavo da tre. Siamo complementari, almeno così ci ha detto anche Giofrè» aveva concluso sorridendo.

«Gli *Splash Brothers* del Palio insomma…» Massimo aveva aggiunto un finale che i ragazzi avevano accolto con una faccia tra il divertito e il preoccupato: «Sì, gli Splash… quelli lì, anche se adesso, con Thompson a Dallas, non esistono più» avevano risposto dimostrando di conoscere bene il mondo NBA.

17

Mentre continuavo a raccontare la vita di quello che, Magic a parte, era decisamente il mio giocatore preferito, mi ritrovavo sempre più stupito di quanta attenzione stessi ricevendo dalla mia audience improvvisata. D'accordo che non stavo narrando la storia di un drammaturgo russo, ma comunque il fatto che in tre resistessero da ormai più di quattro ore, mi sorprendeva al punto che avevo subito scartato la possibilità di interrompermi per qualche attimo e rilassarmi un po'.

«Comunque, Jordan con Obama, Jay-Z, la Grande mela schierata... deve essere stato difficilissimo, prendere una decisione» aveva commentato Massimo, tanto preso dal contesto che quasi si era rovesciato addosso il bicchiere di vino rosso che stava sorseggiando.

«Decisamente sì» avevo ripreso «anche se alla fine, in quella situazione, LeBron c'era finito con le sue mani, nessuno lo aveva costretto a mettere in piedi quel po' po' di circo. E Massimo, nella tua lista dei pretendenti, ti sei scordato Miami, magari facendolo apposta visto che sai già come è poi andata a finire. Miami, per settimane, era sembrata la squadra meno probabile di tutte, ma alla fine ha tirato fuori l'asso vincente.»

«Che sarebbe?» aveva chiesto Niccolò.

«La capacità e il carisma di un signore che si chiama Pat Riley. Personaggio iconico, se ce n'è uno nel mondo del basket, Riley aveva dalla sua grandi esperienze come giocatore, allenatore, general manager e presidente, tutte decisamente vincenti. Ma, soprattutto, si era presentato da James con già in testa uno schema che, alla fine, avrebbe fatto la differenza. Riley sapeva benissimo che la carta dei soldi non sarebbe servita a molto per convincerlo, visto che tutte le franchigie in fila per il Prescelto potevano offrirgli, dollaro più, dollaro meno, delle cifre iperboliche. Aveva capito anche che la città di Miami, con il suo fascino, la sua vita, il suo clima, gli avrebbe dato una grossa mano, ma non sarebbe stato sufficiente: la vera differenza l'avrebbero fatta i giocatori che LBJ si sarebbe trovato in squadra, quelli che, visti i risultati, erano mancati con Cleveland. Quando Miami aveva vinto il titolo nel 2006, poteva contare su un asse portante fenomenale, fatto da un giocatore in piena ascesa, come Wade, e da un veterano ancora nel suo *prime*, come Shaq. A questo, gli Heat, per tentare l'all in immediato, avevano aggiunto Gary Payton, uno che per anni era stato il miglior difensore della lega e avevano riportato a grandi livelli Alonzo Mourning, ai box oramai da tempo per una brutta malattia ai reni. Insomma, disponevano di una squadra perfetta per vincere e, con Riley in panchina, avevano centrato il loro primo titolo.

Quello che sarebbe diventato il presidente della stessa Miami aveva già capito da tempo cosa dovesse possedere una squadra, per cercare di vincere un campionato come quello NBA: almeno due stelle, se non addirittura tre, nel momento clou della loro carriera. L'edizione degli Heat che aveva finito (male) il campionato 2009, di star ne aveva una sola, Dwyane Wade, che per altro stava meditando di cambiare aria, tentato da Chicago, la sua città natale. Riley e la proprietà del Club sembravano quasi rassegnati, quando, grazie al suo talento visionario, l'ex coach dei Lakers anni Ottanta, dal nulla o quasi, aveva creato un piano davvero diabolico.»

«Addirittura... diabolico?» si era stupito Federico «in che senso? Ce lo spieghi Guidone.»

«Tutto era partito dall'annuncio che Chris Bosh, lungo atipico, ottimo giocatore, ma sicuramente non un leader, avrebbe lasciato Toronto, dove per tre anni si era anche "accoppiato" col nostro Andrea Bargnani. Si racconta che, da dietro le quinte, Riley avesse spinto Wade e Bosh, già amici fuori dal campo, a unire le loro forze. E questo il vecchio Pat l'aveva fatto, pur sapendo che solo con quei due in formazione Miami sarebbe tornata a splendere, ma non a vincere. La coppia non sarebbe bastata per andare fino in fondo. Nella testa di Riley, invece, la loro possibile unione sarebbe servita come megajolly da tirar fuori dal mazzo, quando Miami avrebbe parlato con James, all'inizio di luglio. Non che l'uomo più impomatato del mondo avesse bleffato, ma insomma, diciamo che se l'era giocata bene, la sua partita a tavolino.

Al Prescelto gli Heat avevano quindi prospettato una supersquadra, con la quale, visti i nomi con cui avrebbe diviso la palla, avrebbe finalmente potuto portarsi a casa il suo primo anello.

Finito il colloquio, LBJ non aveva comunque risposto a Riley nulla di più di quanto aveva già detto agli altri club, ma, in cuor suo, molti sostengono che avesse già deciso. Miami lo aveva convinto su tutti i fronti, tanto che, poco dopo aver salutato colui che sarebbe diventato il suo prossimo datore di lavoro, James aveva chiamato sia Wade che Bosh, convincendoli in un attimo a salire sulla sua barca, anzi, meglio, sul suo mega-yacht, già bello e pronto a trovare ormeggio nel porto di Miami. Beach.

18

«Questo autunno porterò il mio talento a South Beach, unendomi ai Miami Heat.» In otto secondi, alle 21 e 27 dell'8 luglio 2010, LeBron aveva comunicato al mondo intero la sua decisione, quella definitiva, come direbbe il conduttore di un noto quiz televisivo. Qui, però, ad accendersi non era stata la risposta del concorrente di turno, ma gli animi dei tanti tifosi dei Cavs, che avevano reagito malissimo a quella che reputavano una vera e propria nefandezza da parte del loro oramai ex figliol prodigo.

Nella mente di Rich Paul e del suo gruppo di lavoro, tutto era stato studiato nei minimi dettagli, anche la location dello studio, costruito nella sala principale di un club sportivo per ragazzini, non lontano dalla sede della ESPN, in Connecticut, per cercare di dare al suo assistito la migliore immagine possibile. Circondato da future promesse, il Prescelto avrebbe dovuto essere il più rilassato possibile, per quello che, in fondo, non era altro che un annuncio sportivo sulla carta, ben più leggero di altre dichiarazioni che nella storia sono state fatte da personaggi che si occupavano, però, di cose molto più importanti e decisive per l'umanità intera. Paul, vero regista e ideatore del tutto, forse pensando a quello che James aveva già dato ai Cavs, aveva sottovalutato la reazione di una città e dei suoi tifosi, a quell'annuncio scioccante. E così, mentre James era ancora seduto nello studio, a Cleveland la gente era già scesa per strada. Pochi minuti dopo aver staccato il collegamento con Jim Gray e i suoi ospiti, la ESPN aveva cominciato a mandare in onda delle immagini che, più di una protesta per un cambio di squadra di un giocatore, sembravano quelle della rivolta di classe di un quartiere popolare che poteva trovarsi ovunque, in America. In pochi minuti era successo l'imprevedibile. Non si contavano le maglie numero 23 che bruciavano sui marciapiedi di Cleveland. Molti tifosi avevano poi cominciato a prendere di mira il gigantesco murales sponsorizzato e voluto dalla Nike, con l'effige di James, che oramai da anni campeggiava sul lato di un palazzo del centro. Se avessero potuto arrivarci lo avrebbero imbrattato, scorticato, tanta era la rabbia per quello che stava diventando il cambio di casacca più clamoroso della storia dello sport americano e forse mondiale. Su tutti i media, di qualsiasi forma, non si parlava che dell'annuncio. Per quasi tutti, LeBron aveva deciso di correre un rischio enorme, obbligandosi, con quello che aveva appena fatto, a vincere e basta. Non c'erano mezzi termini in ballo. Se con lui Miami non avesse ribaltato la lega intera nel giro di qualche mese, la colpa sarebbe stata solo sua, punto.»

«Cleveland a parte, quindi, alla fine aveva vinto Riley» avevano commentato quasi in coro Niccolò e Federico.

«Sicuramente, almeno a livello di marketing, lui e gli Heat avevano fatto bingo. Non so quanto gli americani avessero approvato quella decisione e quanti supportassero seriamente James, ma comunque a Miami, nei giorni appena successivi alla trasmissione, non riuscivano a stampare canottiere e magliette con il suo nome e il suo numero, che le stesse, un po' dovunque, andavano esaurite. Tranne che in Ohio, ovviamente, dove il sentimento negativo nei confronti di LBJ continuava a montare, sempre di più. Il sindaco di Cleveland e il governatore dello stato avevano quasi subito detto la loro, usando frasi dure, seppure diplomatiche, anche perché si erano probabilmente accorti che la situazione avrebbe potuto realmente degenerare da un momento all'altro. C'era qualcuno, però, a cui era davvero scappata la frizione: Dan Gilbert, il proprietario della squadra, toccato nell'orgoglio e nel portafogli. Mentre LeBron stava già volando verso il suo futuro, Gilbert aveva scelto di mettere, nero su bianco, il suo stato d'animo e i suoi sentimenti, pubblicando tutto sul sito ufficiale dei Cavs.

Nella lettera aperta ai tifosi, uno degli uomini più facoltosi d'America, diventato ricco grazie a un nuovo sistema per concedere mutui alle persone con meno possibilità, ne aveva dette di ogni, nei confronti di colui che, sino a qualche ora prima, era la persona che stimava di più al mondo. Non mi ricordo alla lettera le sue parole, tutte comunque pesantissime, ma il succo di quelle tante righe mi è rimasto in mente e faceva capire cosa Gilbert stesse vivendo. Per lui, quello di James era stato il peggiore degli esempi da dare, soprattutto ai giovani appassionati di sport: il tradimento degli ideali sui quali si basa la pallacanestro. E la sua promessa, che Cleveland avrebbe sfatato la maledizione di città perdente, vincendo finalmente un titolo prima dello stesso James, suonava come uno sfogo di bile, impossibile da trattenere.»

«Che storia» aveva commentato Massimo «certo che lo sport americano sembra sempre un film…»

«Delle volte anche meglio» gli avevo risposto «anche perché poi, come sappiamo, non andò a finire esattamente come Gilbert aveva pronosticato. Ma su questo, ci arriveremo. Piuttosto, pensate al giorno della presentazione di LeBron e di Bosh, con Wade che aveva appena rinnovato. I tre si erano presentati sul palco, nei pressi di un centro commerciale poco lontano dalla American Airlines Arena di Miami, osannati da una folla infinita, quasi fossero lì per celebrare un campionato appena vinto. E su quel palco, complice uno stato di euforia generale, praticamente all'unisono, avevano promesso al popolo degli Heat di vincere non uno, non due, ma ben tre titoli consecutivi. Anche questo era qualcosa mai visto prima. A differenza di quanto aveva fatto nel 2003, una volta scelto dai Cavs, quando era stato molto prudente con le dichiarazioni, LeBron James, in questo caso, si era decisamente sbilanciato, mettendoci la faccia. Se infatti le cose fossero andate diversamente, il primo e forse anche unico colpevole, come abbiamo già detto, sarebbe stato solo lui.»

19

«Gentili passeggeri, è il primo ufficiale di bordo che vi parla. Volevo darvi qualche informazione sul nostro volo. In questo momento, stiamo sorvolando la Groenlandia. Arriveremo poi sul Canada, per puntare verso sudovest. Scenderemo poi sull'area di Los Angeles, dove atterreremo fra circa cinque ore.» Mentre l'oramai nostro amico pilota ci stava descrivendo il resto del viaggio, Federico e Niccolò si era addormentati quasi contemporaneamente. Sulla festa di benvenuto per LeBron avevano ceduto, dando anche a me la possibilità di prendere un po' di fiato. Qualche tempo prima, avevo letto un articolo sui microsonni degli «ultramaratoneti» che, non potendosi permettere delle vere soste per troppo tempo, nel corso delle loro imprese impossibili dormono, durante la corsa, solo per qualche minuto ogni due ore. E poi, come delle vere e proprie macchine, quando si risvegliano, si riaccendono in un attimo, per riprendere il loro percorso più freschi di prima. Ecco, senza fare paragoni azzardati, vedendo che anche Massimo, dopo l'annuncio dalla cabina, non si era più voltato verso di me ed era crollato, avevo deciso di provarci anch'io. Poi, se nessuno mi avesse svegliato, voglioso e curioso di capire come era iniziata l'avventura di James con Miami, avrei probabilmente continuato a dormire, altrimenti, modello ultramaratoneta, sarei stato pronto a rimettermi in modalità «on» per proseguire il mio racconto. Chiudendo gli occhi, avevo pensato che un po', comunque, mi spiaceva aver interrotto la storia sul più bello, con LeBron che si stava finalmente preparando alla conquista della NBA. Poco dopo, tuttavia, Prescelto o non Prescelto, le mie palpebre avevano deciso che era arrivato il momento di darsi una pausa e io con loro.

«Rieccomi con voi, ho appena iniziato il mio secondo turno di riposo.» La voce del primo ufficiale si era introdotta in un dormiveglia che non mi dispiaceva affatto. All'inizio non avevo capito realmente che cosa stesse succedendo, poi, aprendo lentamente gli occhi, me lo ero trovato praticamente di fianco, che stava già chiacchierando con Federico. Anche Niccolò e Massimo erano svegli, mentre io non sapevo quanto tempo fosse passato dall'inizio del mio, di break. Forse un'oretta, minuto più, minuto meno. Poi, guardando bene l'orologio, mi ero accorto che, invece, il tutto era durato meno di venti minuti. Alla faccia del microsonno, avevo pensato. Tempo perfetto, come raccontava l'articolo che avevo letto, peccato che io, in quel momento, non fossi sul monte Cervino nel bel mezzo di una ultramaratona, ma comodamente seduto al mio posto, su un volo per Los Angeles.

«Sa che ho sognato Miami e Pat Riley?» aveva riattaccato Massimo.

«Oddio» avevo commentato «senza offesa per uno dei personaggi che hanno lasciato forse più di tutti il segno in NBA negli ultimi cinquant'anni, ma c'è sicuramente di meglio...»

«Macché, anzi, è come se avessi anticipato quello che ci avresti raccontato dopo. Perché non ha intenzione di fermarsi, vero? Non adesso che sta per arrivare la versione vincente di LeBron.»

«Certo che no, figurati» avevo risposto, cercando di farmi vedere pronto a riprendere il racconto «anche se, magari, i ragazzi vorrebbero parlare d'altro.»

«Ma se non vediamo l'ora che ricominci, Guidone» aveva subito replicato Federico. «Anzi, mentre lei dormiva, io e Nick ci siamo annotati un po' di domande che ci piacerebbe farle. Sa, non capita mica tutti i giorni di poter parlare di NBA con un veterano che l'ha vissuta per così tanti anni da vicino...»

«L'aver rimarcato i "tanti anni" di milizia cestistica, lo prendo come un complimento» avevo replicato «anche se l'aggettivo "veterano" mi sa tanto di uno oramai prossimo al museo.»

«Ma cosa dici?» era allora intervenuto Massimo. «Piuttosto, ti do lo spunto dal mio sogno: Riley, che mi sembra davvero la chiave di questa come di tante altre situazioni che hanno cambiato la lega. Sa che nel 1985, quando avevo dieci anni, sono venuto a Salsomaggiore, al camp di Dan Peterson, e come coach che insegnava, c'era proprio lui?»

«Beh, allora avrai visto e conosciuto la versione più iconica del coach, quella degli anni Ottanta. Bello, fisicato, vestito sempre in modo perfetto, ma soprattutto l'uomo del momento, per quello che stava facendo con i suoi Lakers. Pensa che, qualche anno più tardi, la sua popolarità, il suo carisma e il suo aspetto avevano portato addirittura Hollywood a sceglierlo come attore protagonista di un film che si sarebbe chiamato *Tequila Connection*. Riley, dopo averci pensato un po' su, aveva rifiutato, con la produzione che scritturò Kurt Russell al suo posto. Insomma, in quel periodo, oltre a Richard Gere e Don Johnson, c'era anche lui tra le icone maschili che facevano davvero la differenza.»

«Quindi» si era inserito il pilota «definendolo realmente un personaggione, non si può sbagliare.»

«Riavvolgendo il nastro» avevo confermato «possiamo dire davvero di sì. Pensate solo a quello che ha fatto nei Lakers di Magic e Kareem, arrivando praticamente dal nulla. In poco più di due anni, si è preso la squadra, ma, soprattutto, la gestione delle due star, facendo dimenticare al front office tutti i problemi generati da Westhead e dalle sue improbabili idee.»

«E quando è venuto a Salsomaggiore, era proprio nel suo momento di grande splendore» aveva continuato Massimo. «Tu hai avuto l'occasione di conoscerlo, immagino...»

Quella domanda aveva aperto una finestra temporale su un passato così piacevole da ricordare, che mi ci ero affacciato più che volentieri: «Sì, un paio di volte, se non ricordo male, al camp NBA, dove è stato ospite nel 1982 e nel 1985. Io ero lì come inviato di Mediaset e animatore del camp NFL. La prima volta, da coach era semisconosciuto, almeno da noi, ma si capiva che sarebbe diventato un grande. La seconda invece, tre anni più tardi, era già una star, in tutto e per tutto. Se nel suo primo viaggio italiano la moda non sembrava coinvolgerlo più di tanto, nel 1985, tra le sue prime richieste all'organizzazione, c'era stata quella di poter passare almeno un paio di pomeriggi a Milano, in zona quadrilatero della moda. Sua moglie era letteralmente impazzita per Giorgio Armani. Ma la parte che, sono sicuro, vi interessa di più, è quella tecnica, legata al suo modo di interpretare la pallacanestro. Ricordo una cena al Grand Hotel di Salsomaggiore, dove Dan Peterson aveva chiesto a Riley come si potevano gestire sul campo, due come Magic e Kareem.

"Innanzitutto" aveva risposto "viene sempre prima Jabbar e poi Earvin, sia nelle riunioni tecniche che in palestra. Ma il segreto è la semplicità, con due così bastano due parole, il resto arriva da solo." E quando Peterson aveva ribattuto, chiedendogli quanto tempo ci avrebbe messo Magic a diventare il migliore di tutti, Riley gli aveva risposto: "Aspettate l'autunno"».

«E aveva ragione» aveva concordato Massimo, mentre Federico e Niccolò continuavano ad ascoltare in silenzio.

Anch'io ero della stessa opinione: «Direi proprio di sì. Hanno fatto la fortuna uno dell'altro. Senza Magic, Riley non sarebbe probabilmente diventato quello che conosciamo, mentre Johnson, come ha riconosciuto molte volte, non sarebbe maturato nel modo giusto, senza la presenza costante del coach meglio vestito di tutti i tempi».

20

«Con il paragone tra Magic e LeBron che oramai era una costante del racconto, eravamo arrivati a uno dei nodi principali della carriera di James, ovvero il periodo di South Beach, quando, nel bene e nel male, avrebbe imparato tanto dalla vita. Dopo quell'inizio che potremmo definire rutilante, almeno per i tifosi degli Heat e per tutti gli appassionati di basket del mondo, a eccezione di quelli scornati dei Cavs, era arrivato il momento del giudizio del campo. Al di là del fiume di parole spese in estate per commentare la sua decisione e "vivisezionare" ogni suo passo dalle parti di South Beach, tutti si aspettavano non meno di una svolta epocale e lui, che forse aveva un po' sottovalutato ciò che gli anglosassoni definiscono *aftermath*, cioè quello che accadrà dopo, con l'avvicinarsi delle prime partite di pre-season, se ne stava rendendo conto sempre più velocemente. Per la quarta volta nella sua vita, era la prima attrazione di un vero e proprio circo, quello che sarebbe stata Miami in quella stagione. Tanto per capirci, le altre ventinove squadre NBA avevano esaurito in un amen tutti i biglietti per i loro incontri casalinghi con gli Heat e città come Indiana e Sacramento, dove solitamente i posti al Palazzo costano un quinto rispetto a New York o Boston, grazie a LBJ avevano fatto la fortuna dei bagarini locali. Nelle tre precedenti occasioni in cui era stato al centro del mondo, tutto, alla fine, era andato per il meglio. Avevamo già parlato dell'ultima partita al liceo, del giorno delle scelte e del suo arrivo a Cleveland, tutte situazioni con molta pressione da gestire, che però, rispetto a questa e a ciò che gli stava per arrivare addosso, sembravano come una passeggiata a Disney World assieme alla famiglia.»

«Credo comunque che un campione vero, una superstar, debba avere le spalle larghe, per sopportare ogni tipo di pressione, compresa questa. Mi sembra scontato» riteneva il primo ufficiale e io ero d'accordo: «Sì certo, anche se, come vi dicevo, tutto quello che gli era e gli sarebbe capitato lo aveva voluto lui, dopo aver capito che, con quei Cavs, non avrebbe mai vinto. Ma, a livello di pressione e responsabilità, il meglio o il peggio, fate voi, doveva ancora arrivargli addosso. Dopo un'estate da copertina, con decine di presentazioni, di partecipazioni a ogni tipo di evento promozionale e di charity (Miami era stata la prima città a ripartire alla grande dopo la crisi dei mutui subprime), LeBron era ritornato in campo, spostando verso sud gli arredi più importanti della sua reggia di Cleveland ormai da dimenticare. Si era scelto la nuova casa dalle parti della superesclusiva Star Island, una sorta di arcipelago per milionari, con isole collegate tramite ponti a cui solo chi possiede una villa può accedere, e parliamo di ville da cinquanta o sessanta milioni di dollari. Sulla sua nuova maglia, aveva dovuto mettere un numero diverso, il 6 invece del 23 che lo aveva caratterizzato per tutta la sua carriera e che da bambino aveva scelto per onorare ovviamente Michael Jordan. A Miami, quel numero non lo avrebbe potuto indossare più nessuno, proprio per rispetto a MJ. Gli Heat avevano aderito a una richiesta facoltativa della NBA, ritirandolo per sempre».

«E perché proprio il 6?» aveva chiesto Niccolò.

«Per onorare un altro grandissimo nella storia della lega: Julius Erving.» Questo era un nome che a Federico continuava a non dire nulla: «Julius Erving? Sa signor Guido, che faccio fatica ancora a ricordarlo?».

«Ma come Fede? Lo abbiamo già detto: The Doctor è stato il primo vero grande showman del basket pro, ne abbiamo anche già parlato, per la sua carriera con Philadelphia, ma soprattutto per come ha cambiato l'approccio della gente verso un campionato che aveva bisogno di uno come lui. Qualcosa mai esistito prima.

Ovviamente, LeBron non aveva mai visto il "dottore" dal vivo, ma ne aveva sentito parlare da molti, più grandi di lui, ad Akron, nelle sue prime frequentazioni dei playground. In una delle tante famiglie dove era rimasto per qualche tempo, mentre Gloria, sua madre, tentava di sopravvivere alla loro terribile situazione economica, il padrone di casa gli aveva descritto le gesta di quello che, a cavallo tra gli anni Settanta e Ottanta, era considerato come un marziano, uno planato sulla lega da chissà dove, per quello che faceva in campo. Si racconta che James, dopo aver visto in televisione un filmato di un All-Star Game, dove Erving schiacciava staccando praticamente dalla lunetta, avesse provato per mesi a imitarlo, al campetto dietro l'angolo di casa, ma con scarsi risultati, considerato che aveva poco più di dieci anni. Solo uno come Jordan, che aveva poi visto in tv, lo aveva spostato da quel ricordo, che, al bisogno, a Miami, era poi ritornato sotto forma del numero del Dottore.»

«Il mese scorso, credo su Sky» ricordava Massimo «ho visto un documentario che raccontava la storia di Doctor J e quella della NBA di quei tempi, che, in qualche modo, avrebbe salvato lui, da solo, grazie ai biglietti che riusciva a far vendere solo con la sua presenza.»

«Non solo» avevo aggiunto «per ben due volte il Dottore aveva tenuto in vita anche l'ABA, l'altra lega che, un tempo, faceva concorrenza alla NBA. Prima che i due campionati si fondessero, i Virginia Squires e i New York Nets erano restati a galla grazie alla sua cessione. I Nets, una delle quattro squadre rimaste poi attive in NBA, dopo la scomparsa dell'ABA, lo avevano successivamente venduto ai Sixers, garantendosi così un futuro grazie a lui. Purtroppo, col tempo, i ricordi vanno sfumando, anche quelli dei più grandi. La gente fa fatica a ricordarsi di Pelé, figuratevi di un giocatore di pallacanestro. E questo nonostante sui social ci siano milioni di immagini che, volendo, ti fanno rivivere chi fossero realmente i grandi del passato. Quelle del Doc meriterebbero di essere ripassate mille e più volte. Massimo, credo di aver visto anch'io lo stesso documentario. C'erano degli spezzoni di partita di Erving con la maglia di Virginia, meravigliose. Pensa che il suo pivot, ai tempi, era Willie Sojourner, che poi avrebbe giocato anche in Italia a Rieti.»

«Questa, proprio non lo sapevo» si era sorpreso il primo ufficiale, il quale si era rimesso ad ascoltare il racconto, rassicurato dal fatto che, fino a quel punto, le condizioni meteorologiche rendevano il volo decisamente tranquillo.

«Sì, sì» avevo ribadito «c'è stato un periodo del basket italiano in cui Rieti era una piccola potenza e si poteva permettere addirittura giocatori che erano ancora nel pieno della loro carriera professionistica. Sojourner era uno di questi. Con Erving, oltre che agli Squires, aveva giocato anche nei Nets; i due erano persino compagni di stanza, in un mondo dei pro decisamente diverso da quello odierno. I giocatori si dividevano le camere d'albergo e viaggiavano spesso in autobus, tra un campo e l'altro. Pensate che Julius, dopo la morte di Sojourner, è venuto in Italia, a Rieti, per presenziare alla commemorazione del suo grande amico, nel teatro principale della città. In quella serata, che ho avuto l'onore di presentare, ho vissuto dei momenti incredibili. Dopo l'evento, ero a cena con un pezzo di storia della NBA e potevo chiacchierare con lui. Qualcosa che non dimenticherò davvero mai più. E anche per la sua disponibilità in quella occasione, Julius si è confermato un personaggio unico, in campo e fuori.»

Dissipata la nebbia generazionale attorno a The Doctor, Niccolò era tornato sul Prescelto: «Quindi LeBron, a Miami, ha scelto il numero giusto».

«Decisamente, anche se, almeno per i primi due mesi di campionato, non gli ha portato una gran fortuna.»

«In che senso?» aveva chiesto il ragazzo.

«Nel senso che gli Heat hanno avuto una partenza

sotto traccia, tradendo le comprensibili aspettative di tanti. In molti, ovviamente, si attendevano una squadra pronta a primeggiare dall'inizio, nonostante ci fossero ancora molte cose da mettere a posto, soprattutto a livello tecnico. Invece Miami, sin dalla prima palla contesa della stagione, aveva avuto mille difficoltà, che l'avevano portata al limite della prima crisi di nervi dell'era LeBron. Così, da subito, per la gioia dei tifosi dei Cavs.

Nove partite vinte sulle prime diciassette non accontentavano nessuno, Prescelto ovviamente incluso. In città la gente cominciava a chiedere la testa del giovane allenatore Erik Spoelstra, un *protégé* di Riley, che il leggendario coach aveva promosso, dopo aver deciso di dire basta alla panchina e allo stress che comportava. Lo stesso LeBron, inquadrato dalle telecamere, in maniera decisamente plateale, lo aveva maltrattato durante un paio di partite, tanto che chiunque era pronto a scommettere su un suo licenziamento, evocato dall'influenza di LeBron su tutta la squadra, Riley compreso.»

«Ma poi» aveva anticipato Massimo «tutto questo, non è successo.»

«Anzi, è accaduto l'esatto contrario, originando quella che adesso viene riconosciuta come la "Heat Culture", una cultura di club, unica in NBA, soprattutto per una squadra nata negli anni Ottanta, che non aveva alle spalle la tradizione di Celtics e Lak...»

«Tutto bene, signor Guido?» si era allarmato Niccolò vedendomi arrestare di colpo.

«Sì, sì» l'ho tranquillizzato «mi era sembrato di vedere passare uno che conosco.»

21

Quando il primo ufficiale era ritornato in cabina di pilotaggio, ne avevo approfittato per alzarmi dal mio sedile e sgranchirmi le gambe con un po' di stretching. Cominciavo a sentire la fatica delle tante ore nella stessa posizione, tra l'altro con una postura che, per cercare di chiacchierare un po' con tutti, era decisamente innaturale e tutt'altro che rilassante per i muscoli. Un po' di tempo in piedi, nella zona mista dove gli assistenti di volo lasciano bevande e snack a disposizione dei passeggeri, mi avrebbe aiutato a continuare il volo che, comunque, era ancora lungo, avendo da poco superato la metà della sua durata totale. E poi, soprattutto, non avrei parlato per qualche minuto o, almeno, così credevo, perché, appena uscito dal bagno, la sensazione che avevo avuto poco prima si era rivelata esatta: «Mario!».

«Uei, Guidone!»

Mario, oltre a essere un mio amico storico, era un personaggio davvero unico nel mondo del basket milanese. Avendo una schiena più resistente della mia, nonostante l'età, aveva continuato a giocare, magari non più a livello organizzato, ma pur sempre rimanendo uno dei re dei playground milanesi, come quello del Sempione o lo storico «Dezza». Trovarmici faccia a faccia a metà di un volo transoceanico era stata una sorpresa incredibile, anche per lui: «Ma che cosa ci fai qui? Va beh che una volta andavi e tornavi dagli States come se prendessi l'alta velocità da Milano a Bologna, ma non pensavo davvero di incontrarti...».

«Eh, bei tempi quelli» avevo commentato «i nostri anni Ottanta, quando gli Stati Uniti erano ancora una specie di pianeta fuori dal sistema, da conquistare e visitare ogni volta che ci mettevi piede. Adesso è tutto più facile, ma anche tutto più scontato. Arrivi in un posto qualunque e sai già tutto, perché lo hai visto in una serie tv o in qualche video su internet.»

«Cavolo davvero» aveva continuato trovandosi d'accordo «mi ricordo la prima volta che sono andato a Los Angeles. Avevo vent'anni e mi sembrava di essere un esploratore alla scoperta di qualcosa di mai visto.»

«Stessa cosa per me e anche per gli americani, che non erano abituati a vedere dei turisti italiani. Pensa che qualche volta mi hanno addirittura chiesto di fargli vedere il passaporto, per convincersi del fatto che fossimo "italiani veri" e non figli di immigrati. Per loro era la prima volta con qualcuno che non fosse un "paisà". Mi facevano domande più adatte a uno sbarcato da una zattera, tipo se in Italia avevamo il frigorifero o l'aria condizionata. Per loro eravamo ancora un paese del terzo mondo. E stiamo parlando di quarant'anni fa, non del primo Novecento.»

«Comunque, Guido» aveva ripreso «raccontami dove stai andando stavolta, fammi felice e dimmi che si tratta di un viaggio legato al nostro amore.»

«Se per amore intendi la vecchia spicchia, allora sì, ma non vorrei farti troppo morire di invidia...»

«Sono pronto.»

«Vado a intervistare LeBron, per poi vederlo in partita a fianco a Bronny, il figlio.»

«Che per adesso» aveva aggiunto «non mi sembra proprio un crack. Se non si fosse chiamato James di cognome, non so se oggi sarebbe ancora lì o addirittura se l'avrebbero mai scelto.»

«Può darsi, ma per giudicare bisogna aspettare, comunque anche per lui non è facile sopportare il peso di un simile cognome. Credo che fra un annetto potremo capire meglio la situazione.»

«Ma stai viaggiando da solo o con la signora Carla?»

«No, la signora Carla è rimasta a Milano. In realtà avevo iniziato il mio volo in solitaria, ma sin da prima del decollo, è come se fossi partito con un gruppo di amici...»

«In che senso?»

«Vicino a me ci sono seduti due ragazzini che vanno in California per prendere contatto con l'high school che frequenteranno dal prossimo anno. Giocano a basket, quindi ti puoi immaginare di cosa abbiamo parlato. In più, il passeggero seduto nella fila davanti è anche lui un appassionato e, non appena ha sentito la parola magica, si è unito ai nostri discorsi. E non è tutto. Persino il primo ufficiale del volo è pazzo di NBA!»

«Cosa gli stavi raccontando?»

«Guarda, visto dove sto andando, gli sto narrando vita, morte e miracoli di LeBron. Sai che lui, per tanti aspetti, fa parte della nostra vita. Ho iniziato dalla mia intervista di domani e adesso siamo arrivati alle prime partite del Prescelto con Miami.»

«Ma dai» si era illuminato «sai che quel Natale lì ero in Florida e sono andato a vederlo? Se non mi ricordo male, era proprio la partita che poi tutti hanno indicato come quella della svolta. Da lì in poi, infatti, "i tre amigos" hanno cominciato a giocare come tutti pensavano potessero e, soprattutto, dovessero. Al Palazzo, la gente che all'inizio mugugnava e quasi fischiava Wade, Bosh e LeBron, ogni volta che toccavano la palla, alla fine di quell'incontro era letteralmente impazzita.»

«Beh Marièt, visto che conosci bene il soggetto, se vuoi favorire e partecipare alla discussione, mi fa solo piacere. Siamo seduti lì avanti, non c'è un posto libero, ma come per il pilota, se ti adatti ci stringiamo e ripartiamo col racconto.»

Detto fatto. Il mio stretching era durato molto meno del previsto, ma ero pronto per ripartire. Così, dopo aver presentato Mario agli altri tre, la storia dell'ascesa di LeBron alla corona di re di South Beach era ricominciata, come se non si fosse mai interrotta: «Quello che tutti i giornali e le tv locali avevano oramai dato per scontato, ovvero che Riley licenziasse in tronco Spoelstra, per tornare lui stesso in panchina, alla fine non si era verificato. In un meeting a porte chiuse, l'ex coach, diventato poi plenipotenziario della franchigia, aveva invece fatto esattamente l'inverso, gasando a suo modo giocatori e staff, per un futuro che, come dice il titolo di un vecchio brano anni Ottanta *Is So Bright, I Gotta Wear Shades*. Talmente luminoso che dovremmo portare gli occhiali da sole».

Sulla canzone che avevo appena citato, nemmeno Mario, praticamente mio coetaneo, aveva fatto un *plissé*, per non parlare dei due quindicenni, totalmente assenti nell'espressione. Mi avevano così convinto che fosse meglio non addentrarsi in quel sentiero musicale. Quindi i Timbuk 3 o qualche loro omologo e il loro repertorio di quarant'anni prima, sarebbe stato meglio lasciarli nel cassetto dei miei ricordi.

«E LeBron, aveva accettato senza dire nulla?» aveva poi chiesto Federico.

«Beh, ovviamente i due si erano parlati prima del meeting e James aveva sicuramente detto la sua sull'ipotetica e scarsa leadership del coach. Ma Riley, almeno penso io, aveva già in testa abbondanti argomenti per convincerlo e così è stato. Da quel momento, per la cronaca, Miami aveva vinto ventuno partite su ventidue, non una striscia vincente da record, ma poco ci mancava. Improvvisamente tutto sembrava andare per il meglio. La squadra aveva cominciato a giocare una pallacanestro meravigliosa e non solo grazie ai tre big. Fondamentale, tra i tanti, anche il lituano Zydrunas Ilgauskas, un pivot decisamente non spettacolare, ma perfetto per aprire le vie del cielo al terzetto. Ne avevamo già parlato, era già stato a Cleveland e James lo aveva voluto con sé in Florida. Oramai la stagione aveva svoltato. Gli Heat erano diventati la squadra da battere per tutta la NBA, finendo poi la regular season con il miglior record della Eastern conference e volando nei playoff. Da lì alle finali era passato un attimo. LeBron ci era ritornato dopo quattro anni, ma questa volta da favorito, grazie a quanto aveva dimostrato sul campo, ma anche per le parole che aveva pronunciato più volte, durante il suo primo anno a Sud, promettendo a tutti questa vittoria.»

«Poi, invece, avevano trovato Dallas» era entrato Mario, presentandosi con le sue competenze «e le cose erano cambiate. Me lo ricordo perché, l'estate prima, Dirk Nowitzki era passato al Big Store, a Formentera.»

«Al Big che?» aveva chiesto Niccolò.

Avrei dovuto essere io a presentare meglio il nuovo membro della discussione e avevo rimediato al volo: «Mario è proprietario di un locale a Formentera, che si chiama appunto Big Store, una specie di must, da quelle parti. Una volta che sei sull'isola, soprattutto se sei un appassionato di pallacanestro, ci devi andare per forza. Mentre ti fai un cappuccino, puoi vedere appese al muro le canottiere di mezzo mondo, assieme a decine di gadget storici».

«Non lo sapevo» aveva replicato il ragazzo.

«Certo» l'aveva punzecchiato Federico «quando mai ci sei stato a Formentera?»

«Perché tu?»

«Nessun problema» aveva stemperato prontamente Mario «da qualche anno siamo aperti anche a Milano, e, anche lì, basket a manetta!»

Dopo qualche divagazione, ero tornato alla finale

del 2011: «Come diceva il mio amico, gli Heat avevano affrontato i Mavs. Lo avevano fatto da favoriti e non di poco, per quasi tutti i bookmaker. La serie era iniziata bene per Miami, poi però, nella seconda partita, giocata sempre in Florida, Dallas aveva strappato il servizio agli Heat, andando sull'uno pari, con tutto il circus che poi si era trasferito in Texas. I Mavs, una delle ultime arrivate tra le squadre NBA, in trent'anni di vita non avevano mai vinto un titolo. In finale c'erano già stati nel 2006, perdendo però proprio contro Miami, che, con Shaq in mezzo, aveva conquistato il suo primo titolo. Su gara tre, niente da dire. La serie era ritornata in mano a LeBron e soci che, vincendola, erano sembrati ben messi per confermare pronostici e promesse. Poi, invece, improvvisamente, era successo qualcosa. Il giocattolo Heat si era improvvisamente rotto, contro ogni aspettativa, partendo proprio da LeBron che, nella quarta sfida della serie, aveva finito con otto punti e con percentuali disastrose sul campo. Un bruttissimo segnale, naturalmente per lui, ma anche per i suoi compagni. Sembrava di essere tornati a novembre, anche per il clima nello spogliatoio. Nowitzki e i suoi Mavs, come se l'avessero capito, avevano poi vinto le due partite successive a Miami, diventando campioni per la prima volta e i tifosi degli Heat, invece di applaudire i propri beniamini, erano usciti dalla American Airlines Arena a testa bassa, delusi e sconsolati per ciò che avevano visto. Nowitzki, nominato l'MVP delle Finals, era entrato nella storia come primo straniero ad arrivare a tanto. Per LeBron e i suoi quella era diventata, in un attimo, una gigantesca Caporetto. In città erano ricominciati a circolare gli argomenti dell'autunno precedente, i giocatori venivano contestati, anche per strada. Gli unici a godere, oltre ovviamene ai tifosi dei Mavericks, erano gli abitanti di Cleveland e dintorni. Il Traditore aveva fallito. A loro, in fondo, importava solo questo».

22

I due teenager erano rimasti decisamente stupiti da come LeBron, ancora una volta, avesse fallito la sua missione. Federico, che per questa parte del racconto sembrava più attento e incuriosito dell'altro, aveva fatto un ragionamento abbastanza logico: «Ma come si fa a considerare James tra i più grandi giocatori di basket di sempre, se ha fatto così tanti errori, deludendo milioni di tifosi e tutti quelli che avevano creduto in lui?».

La domanda, in molti sensi, era sensata. In effetti, fino a quel punto, come già detto, aveva vinto solo quando era al liceo, mettendo in gioco un fisico da adulto fra i bambini. Poi, una volta arrivato tra i pro, tanti riconoscimenti personali, come matricola dell'anno e MVP della lega, ma col gruppo non aveva portato a casa ancora nulla. E siccome la pallacanestro è uno sport di squadra, alla fine è vincere insieme quello che conta.

«Dall'ultima pesante sconfitta» gli avevo risposto «James era uscito sì distrutto, ma anche conscio di aver capito di dover cambiare vita, nel privato, nel sociale e nello sport. Aveva compreso che, per uno come lui, nato per essere una stella, l'equilibrio era la base di tutto. Senza dirle ancora nulla, aveva finalmente deciso di chiedere a Savannah di sposarlo, cosa che, raccontano le cronache rosa, lei desiderava da molto tempo, ma che invece lui aveva sempre rimandato, pensando non fosse ancora arrivato il momento adatto. E dopo averne parlato, con il sempre più presente Rich Paul, l'amico, agente e consigliere, aveva deciso che quel momento era arrivato, per completare quell'equilibrio interno del quale aveva più che mai bisogno. Un altro aspetto che sarebbe cambiato drasticamente era quello della vita attorno a lui, oltre lo sport. Era chiaro che Miami, rispetto a Cleveland, offriva milioni di cose in più...»

«Può dirlo forte.»

«E lei da dove è sbucato, dalla cappelliera?»

Il pilota, che credevamo al suo posto di comando, era invece alle mie spalle, tornato tra noi. Nessuno l'aveva visto arrivare e lui si stava godendo silenziosamente il racconto, finché il riferimento alla città della Florida che evidentemente conosceva molto bene, ne aveva rivelato la gradita presenza.

«Come può confermare il nostro primo ufficiale, uno che di South Beach se ne intende, c'erano molte attrattive che però, per un atleta che voleva essere davvero il numero uno al mondo, dovevano per forza essere messe da parte. Porte chiuse, quindi, anche al minimo sindacale di vita sociale, almeno durante regular season e playoff. E poi, cosa che gli avrebbe cambiato davvero la carriera, facendolo diventare uno dei giocatori più longevi e decisivi per ancora parecchio tempo, LeBron aveva capito che doveva investire ancora di più su se stesso.»

«In che senso?» mi aveva domandato Massimo.

«Nel senso che, se si fosse circondato di professionisti, dedicati a lui ventiquattr'ore su ventiquattro, le sue performance sarebbero migliorate, soprattutto nella costanza del rendimento. Quello che era successo in quella maledetta gara quattro, a Dallas, poteva essere colpa di mille fattori, ma LBJ si era convinto che il suo calo improvviso, causa della performance da otto punti, fosse dovuto soprattutto a una serie di dettagli personali. Anche per questo, parlandone con Paul, gli era venuta l'idea di costruirsi un team di specialisti tutto suo, pagato da lui, che lavorasse in esclusiva sempre con lui: un cuoco, o meglio uno chef, un dietologo e un personal trainer lo avrebbero aiutato in maniera costante, per farlo sempre stare bene e rendere al meglio. E così aveva fatto. Sistemata a trecentosessanta gradi la sfera personale, c'era da affrontare la seconda stagione in maglia Heat, quella che avrebbe potuto diventare, in caso di un altro fallimento, una macchia indelebile della sua carriera. Dopo un'estate volutamente tranquilla, nella quale si era comunque dovuto occupare di affari sindacali, come membro della Associazione giocatori scesa in sciopero per ottenere un contratto globale più favorevole, LeBron era tornato in campo, con uno spirito tutto nuovo.»

«Tutto nuovo, cioè?» era intervenuto Niccolò, mentre Mario, in piedi a braccia conserte, sembrava quasi presiedere la conversazione.

«Si sentiva ancora più forte, dentro e fuori, per le decisioni che aveva preso durante quella travagliatissima estate e quando il campionato aveva finalmente preso il via, dopo una seria possibilità che la stagione venisse cancellata e con la voce che LeBron fosse, nel caso, già pronto per una squadra europea (qualcuno dice in Turchia), James era sembrato a tutti più dirompente che mai, migliorato in molti aspetti, cosa difficilissima per uno che era già al top da anni.

Per una questione di puro marketing, la NBA aveva deciso di iniziare il campionato il giorno di Natale, con Dallas proprio contro Miami. A LeBron, ma non solo a lui, il tutto era sembrato una vera e propria beffa, anche perché prima della partita erano stati consegnati gli anelli da campioni ai Mavs ed era stato issato sul soffitto dell'American Airlines Center (curiosamente lo stesso sponsor dell'Arena di Miami) lo stendardo che celebrava il primo titolo vinto nella storia della franchigia. Tutto questo però, aveva fatto da elastico per il Prescelto e per i suoi compagni, fiondandolo verso una vittoria con trentasette punti e dieci rimbalzi, per dare a tutti un messaggio importante. In generale, i suoi Heat avevano poi giocato una buona stagione regolare, considerando che la NBA, per cercare di recuperare i mesi persi per lo sciopero dei giocatori, aveva partorito un calendario folle, con addirittura a volte, tre partite in tre giorni. Ovviamente, quando LeBron aveva deciso di implementare il suo nuovo format di vita, non poteva sapere di questo forcing assurdo, da veri supereroi, ma l'essere stato molto più diligente in ogni aspetto della sua vita lo aveva aiutato e non poco. Alla fine, gli Heat non avevano terminato la regular season della Eastern Conference con il miglior record, andato ai Chicago Bulls del funambolico Derrick Rose, ma comunque sembravano pronti per andare fino in fondo.

Dall'inizio della post-season, Miami era poi salita drasticamente di livello. Non solo per James, ma anche grazie alle seconde file, quelle che nessuno nomina quasi mai e che invece spesso fanno fare alla squadra il tanto agognato salto di qualità. I primi due turni dei playoff erano stati superati in cavalleria. Tra gli Heat e un nuovo atto finale della lega c'era adesso solo Boston, la stessa squadra che, battendo Cleveland nel 2010, aveva spinto definitivamente il Prescelto verso il sole della Florida. Anche in questo caso, la serie non era iniziata bene per Miami, che aveva perso subito il fattore campo e si era trovata a un passo dall'eliminazione con gara sei da giocare in trasferta. In quell'incontro, però, si era capito da subito che a LBJ, trovandosi con le spalle al muro, era scattato qualcosa di diverso rispetto al passato. Le cifre mostruose della partita che Miami si era portata a casa parlavano da sole: ventisette punti nel primo tempo, quarantacinque in totale. Immarcabile ovunque e dovunque, praticamente l'aveva vinta da solo, riportando la serie in equilibrio per la settima, decisiva partita, dove si sarebbe poi ripetuto, anche se con cifre un po' più terrene.»

«E lì quanti ne aveva messi?» aveva chiesto Federico.

«Oddio, onestamente non mi ricordo, sicuramente meno di quarantacinque. Fai una cosa, visto che siamo collegati col Wi-Fi del volo, controlla tu, così mi dai una mano. Intanto io, sperando di non perdere altri pezzi per strada, vado avanti con il racconto, anche perché in finale Miami aveva poi trovato una vera e propria novità: gli Oklahoma City Thunder.»

«Quindi erano già forti allora!» aveva realizzato Niccolò, accendendosi: «È la mia squadra preferita.

Shai Gilgeous-Alexander rappresenta il giocatore che vorrei diventare».

«Peccato per le Olimpiadi» avevo commentato «lui ha giocato bene, ma, alla fine, il suo Canada è stato un po' la delusione della seconda fase del torneo di basket. Comunque, torniamo a LeBron. Heat-Thunder era la finale inedita che James doveva giocare per arrivare al suo primo, tanto agognato, titolo NBA. Dall'altra parte, non ci sarebbe stata l'esperienza dei Lakers o quello che restava degli Spurs, ma, Oklahoma City che aveva tre giovani come Durant, Westbrook e Harden che stavano spaccando il mondo. E questo LBJ lo sapeva benissimo. Prima partita in Oklahoma, persa. James aveva chiesto di parlare con Riley, in privato ed era uscito dal colloquio col boss con una faccia differente da quella con cui ci era entrato. La faccia di uno che aveva deciso di portarsi a casa il suo primo trofeo NBA. In gara due aveva messo in piedi una specie di show, nel quale i suoi trentadue punti erano risultati decisivi. La serie era poi ritornata a Miami dove, per la formula di quel periodo, si sarebbero giocate tre partite consecutive. Col vantaggio del fattore campo in mano e con una formazione decisamente più esperta dei Thunder sul parquet, gli Heat avevano avuto l'occasione di mantenere le tanto ostentate promesse. Nonostante, nella quarta partita, LeBron avesse avuto problemi di crampi.»

«I signori gradiscono da bere?»

«Sì grazie, molto volentieri.»

La comparsa della hostess era risultata intempestiva a tutti, tranne che a me: «Una Coca-Cola, per favore. Senza ghiaccio».

23

«Signor Guido, com'è la Coca-Cola?»

«Bella fresca. Ne vuoi un sorso?»

«No grazie, volevo solo assicurarmi che la finisse in fretta. Continua lei il racconto o devo leggerlo su Wikipedia?»

Che sciocco. Avevo dato per scontata la conoscenza degli eventi, storia della NBA, trascurando il fatto che i due ragazzi, all'epoca delle finali oggetto della narrazione, avevano tre anni ed era legittimo che non ne avessero memoria. Pronto a ricominciare, dunque, dopo un ultimo frettoloso sorso per rabboccare l'ugola, anche perché Federico incalzava: «Gara quattro. LeBron con i crampi. Così... vada avanti».

«Così ha dovuto scoprire un lato di sé ancora inedito nelle partite decisive. Un lato umano, non solo atletico, fatto di coraggio, determinazione, sacrificio. Crampi o non crampi aveva poi spaccato la partita con una tripla, trascinando gli Heat alla vittoria.»

«Non avrà poi sciupato tutto in gara cinque, vero?» si era augurato Niccolò.

Mario si era messo a ridere, spoilerando il finale: «Con una tripla doppia, se non erro, direi proprio di no. Giusto, Guido?».

«Esatto. Per la prima volta nella sua carriera, LeBron James aveva vinto il titolo della lega. Tutto quello che era successo nei dodici mesi precedenti si era dissolto nel nulla. Lui, Bosh e Wade erano ritornati gli idoli della folla, quelli del giorno della presentazione e della promessa. Possiamo dire che, in quel momento, si era realmente affermata quella "Heat Culture" di cui abbiamo già parlato. Per lui, in più, era arrivata anche l'incoronazione di MVP della serie finale. Era la fine di un incubo, contemporaneo all'inizio di un percorso che, in dieci anni, l'avrebbe portato a essere quello di cui stiamo discutendo oggi, una leggenda.»

Con tanto rammarico, almeno così aveva detto lui, il nostro pilota aveva dovuto uscire dalla conversazione, congedandosi con un suo ricordo: «Il giorno successivo al trionfo di LeBron, dopo aver volato per una delle ultime volte su Miami, mi ero preso qualche giorno di vacanza, per vivere di persona le celebrazioni della città per il titolo finalmente ritornato a South Beach, sette anni dopo la prima vittoria. La parade era stata bellissima, anche se faceva decisamente molto caldo, ma alla gente non importava. Erano in tantissimi per le strade di Downtown. Il classico autobus *double-decker* inglese aveva fatto un bel giro della città, mostrando, al secondo piano, un James raggiante come non lo si vedeva da tanto tempo. L'emblema della felicità, che faceva anche capire quanto aveva dovuto patire il peso degli insuccessi precedenti».

Gli avrei chiesto di continuare, per quanto era preso dalla storia che stava raccontando, ma lui aveva voluto rientrare in cabina di pilotaggio a fare il suo dovere: «A questo punto però, Prescelto o non Prescelto, vi devo proprio salutare. Ci vediamo dopo l'atterraggio».

Con un saltino, mimando un tiro in sospensione, era poi sparito dietro la tenda della Business Class.

«Adoro la gente come voi» avevo confessato «appassionati veri, fino al midollo. Escludiamo Mario, col quale parliamo di basket da anni, ma voi altri, incluso il primo ufficiale ovviamente, siete il motivo per cui io oggi sono qui.»

«Si figuri, non c'è di che» aveva commentato Federico, con con un tono leggermente ironico, invitandomi a proseguire il racconto. «Il 2012 verrà sicuramente ricordato da tutti come l'anno di LeBron, a tutto tondo. MVP della stagione regolare e delle Finals, campione NBA e anche, non dimentichiamocelo, oro olimpico a Londra con la nazionale USA, il suo secondo in ordine di tempo, dopo quello di Pechino quattro anni prima.»

«Beh, qualcosa di unico davvero» aveva riassunto Massimo.

«Sicuro, anche se, nella storia della pallacanestro, c'era già riuscito Michael Jordan, cosa che comunque credo non sia dispiaciuta più di tanto a LBJ.»

«Quindi quest'estate, a Parigi, James ha vinto il suo quinto oro olimpico?» aveva chiesto Niccolò ricordando le altre vittorie statunitensi nelle competizioni a cinque cerchi del 2016 e 2021.

«Non il suo quinto ma il suo terzo» gli avevo risposto «perché a Rio non c'era andato e su Tokyo, dopo l'esperienza della bolla NBA di cui parleremo più avanti, aveva preferito mollare il colpo, ovviamente per il Covid. A Parigi, gli USA hanno vinto la loro quinta Olimpiade consecutiva, ma nessun giocatore è sempre stato presente nelle cinque formazioni scese in campo. Chi ha più ori in bacheca è Kevin Durant con quattro.»

«Scusate» ci aveva invitato Massimo «ma vogliamo fare una veloce parentesi sulle ultime uscite degli americani ai Giochi? Avranno anche vinto, ma andavano ognuno per conto suo, sempre, e non difendevano proprio mai. Curry, in finale a Parigi, avrà messo anche sette triple, ma con le ultime sembrava quasi uno del Cirque du Soleil piuttosto che un giocatore. Bravissimo, eh, non fraintendetemi, ma il basket che piace a me è un'altra cosa, tanto che in semifinale, tifavo per i serbi. Se la meritavano loro!»

Mentre Massimo si era lasciato andare, Mario lo aveva osservato per tutto il tempo, con quel suo classico sguardo con il quale solitamente scruta i clienti del Big Store, da dietro il bancone. Poi, aveva detto la sua: «Sai che potrei essere d'accordo con te, soprattutto sul fatto che, difendono poco e riescono raramente a giocare insieme come si vede per altre nazionali. Ma, alla fine vincono. Come aveva detto Sergio Tavčar, storico telecronista di Telecapodistria negli anni Settanta e Ottanta, sulla *Gazzetta dello Sport*: "Gli americani sono forti, coordinati, corrono e saltano, tirano e segnano. Pretendere che giochino anche a basket, mi sembra un po' troppo"».

Dopo qualche attimo di pausa, era scattato un applauso spontaneo, da parte di noi quattro.

«Frase perfetta» aveva ritenuto Federico «anche se non ho la minima idea di chi sia il tizio che l'ha pronunciata.»

«Anch'io» aveva aggiunto Niccolò.

«Ragazzi» avevo ripreso io sorridendo «guardate che state andando a Los Angeles, proprio per diventare, se Dio vorrà, giocatori di quel tipo, poca difesa, tanto attacco.»

«Dai che non è poi così drastica, la situazione» aveva moderato Massimo «si difende anche in America, soprattutto a livello di college.»

«Vero» avevo commentato «ma poi gli eletti che entrano in NBA si dimenticano spesso questa parte del gioco. A Parigi, contro la Serbia, agli USA è andata bene perché LeBron si è svegliato negli ultimi minuti e per quattro azioni in croce hanno difeso, altrimenti, avremmo visto un'altra squadra in finale con la Francia.»

«Quindi, non Curry, non Durant, ma ancora una volta James, a fare la vera differenza» aveva concluso Massimo.

«Come sempre, analizzando a freddo tutte le partite decisive dove c'era anche lui, ci si accorge che sì, alla fine, il suo zampino c'è sempre, anche se non mette in casella una tripla doppia. Era successo così nel 2012 a Londra, con la Spagna, ma anche in campionato, nella stagione del suo primo titolo e, con quella vittoria in corpo, Miami era ripartita per un'altra campagna vincente, per portarsi a casa il terzo titolo della sua storia, il secondo dei tre promessi nell'era LeBron. Dopo quella stagione indimenticabile, fare meglio, per James, sarebbe stato impossibile, se non altro perché le Olimpiadi ci sono ogni quattro anni. Per il campionato, invece, almeno a giudicare da come si erano presentati gli Heat in campo, si poteva anche pensare a un ulteriore upgrade, che, tra febbraio e marzo 2013 era diventato realtà. Miami aveva vinto addirittura ventisette partite consecutive. Non un record per la lega, ma una delle strisce più impressionanti della sua storia. Per tutto il campionato, James aveva continuato a essere quello dell'anno precedente, anzi meglio. Aveva vinto ancora, manco a dirlo, l'MVP della regular season, portando i suoi a conquistare aritmeticamente i playoff con largo anticipo. Poi lì, nella finale di conference, per la serie "quando il gioco si fa duro, i duri cominciano a giocare", Miami aveva trovato un osso durissimo negli Indiana Pacers, che l'avevano trascinata a gara sette. Svolta con fatica la pratica, James e compagni erano arrivati alla finale con un po' di fiato in meno del previsto. Ad aspettarli c'erano gli Spurs, con i quali LeBron aveva un conto aperto da oramai parecchio tempo. San Antonio aveva giocato meglio degli Heat. Sin da gara uno, si capiva che era più brillante, aveva speso meno in stagione regolare e puntava dritta verso il quinto titolo della sua storia. Negli ultimi minuti di gara sei, sul campo amico della American Airlines Arena, la serie sembrava definitivamente persa per gli Heat, in svantaggio 3 a 2, nel computo delle gare, e sotto di cinque punti a meno di trenta secondi dalla fine.»

«Guido, potrebbe farci la telecronaca di quegli ultimi istanti, solo per noi, qui in aereo?»

La proposta di Massimo era invitante e aveva fatto ridere la hostess di passaggio con la successiva trovata di marketing: «I vantaggi dell'Economy Plus, poltrone più larghe e cronaca delle partite di Guido Bagatta!».

L'inatteso benefit della classe aveva fatto sporgere altri passeggeri dai loro posti, con il collo proteso verso lo speaker che, a quel punto, arrossendo, non aveva potuto esimersi: «James mette una tripla delle sue e accorcia a meno due. Leonard sbaglia uno dei due liberi che si era preso. A otto secondi dalla fine Miami è ancora sotto di tre. Ma ecco che, ancora una volta, il genio di Riley entra in campo, anche se indirettamente. Durante l'estate precedente, nonostante la vittoria della sua squadra e i tre big in crescita costante, il buon Pat si era concentrato sui lati deboli degli Heat, decidendo che sul mercato avrebbe dovuto rinforzarsi con un tiratore da tre, possibilmente veterano. Tra i papabili Ray Allen, diventato free agent dopo un quadriennio con gli odiati Celtics. Riley non si era lasciato sfuggire l'occasione e aveva aggiunto Allen al roster del club. Sul momento, ad accorgersi di questa importante addizione erano stati solo gli esperti. Gli altri stavano ancora festeggiando il titolo vinto da poco. In stagione, l'ex Seattle, Milwaukee e Boston si era fatto vedere, ma non aveva eccitato la fantasia dei tifosi come gli altri tre "vet" della squadra. I playoff, però, sono un'altra cosa.

Miami recupera il pallone. Bosh, con una specie di cross nell'angolo, lo serve proprio ad Allen, messosi al posto giusto, nel momento giusto, con i piedi perfettamente paralleli. Popovich, il coach degli Spurs, decide di non fare il fallo che avrebbe mandato in lunetta gli avversari, tenendo comunque il vantaggio. Resta così fedele alle sue teorie, ma Allen le sbriciola in un istante.

Swish da tre, partita ai supplementari e Miami che la porta a casa. Un trionfo insperato che catapulta gli Heat a gara sette. Lì, LeBron ritrova il costume di Batman e ne segna trentasette! Regala a Miami il terzo anello della sua storia, il secondo per lui. I tempi della maledizione sono spariti nel buio del passato, rischiarato da una delle stelle più luminose nell'intero firmamento dell'NBA: LeBron James!».

Un applauso composto, dei miei nuovi amici, aveva chiuso la cronaca, con grande soddisfazione di Massimo, in rappresentanza di tutti i passeggeri uditori: «D'ora in poi sempre in Economy Plus. Grazie Guido!».

24

«Guido, non vorrei esagerare con le richieste, ma ci hai appena fatto vivere la finale tra Miami e San Antonio come una vera e propria telecronaca...» La premessa di Massimo iniziava ad allarmarmi. Vuoi vedere che ora mi chiede di fargliene un'altra, avevo supposto, sperando di sbagliarmi. Mi era andata bene: «Prima di scendere, ci racconterai qualche altro aneddoto di situazioni che, grazie al suo lavoro, ha avuto occasione di vivere assieme a giocatori famosi? Ad esempio, visto che sta andando a vedere i Lakers, ti chiederei di Kobe Bryant. Per tutti noi è qualcosa di veramente speciale. Di lui, che ricordi hai?».

Telecronaca evitata e richiesta accolta con favore, primo perché anche per me Kobe ha significato tantissimo e poi perché, presto, saremmo per forza finiti a parlare della magica staffetta tra Magic, Kobe e LeBron, che aveva solidificato immensamente la fama di Los Angeles. Potevo quindi iniziare: «Guarda, non per stupirvi, ma ci sono due momenti che lo riguardano, ai quali tengo molto: vi racconto di un Bryant bambino, appena dodicenne e di un Bryant a pochi mesi dalla sua scomparsa. In entrambi i casi, non siamo geolocalizzati in America, ma in Italia».

«Uno dei due lo so già» aveva capito Mario «ma non voglio rovinarvi la sorpresa. È una storia fantastica.»

«Allora» avevo attaccato «ci dobbiamo trasferire a Roma, la stagione è quella 1989-90.»

«Urca» aveva commentato al volo Niccolò «mio padre aveva la mia età di adesso e giocava proprio a Roma, se non sbaglio nelle giovanili della Stella Azzurra. Ci dovrebbe essere qui anche lui ad ascoltare.»

«Beh, glielo racconterai tu, di rimbalzo, come si faceva una volta. Per millenni il mondo è andato avanti sul passaparola» gli avevo suggerito col rischio di apparire con qualche decennio in più sulle spalle. «Comunque» avevo ripreso «quello era l'anno in cui il finanziere Raul Gardini aveva acquistato l'allora squadra in dismissione del Banco di Roma e siccome voleva fare da subito le cose in grande, aveva preso sul mercato il meglio possibile. Italiani a parte, erano gli americani, almeno di nome, a fare la differenza. Erano arrivati, infatti, la prima scelta Danny Ferry, del quale vi ho parlato prima, per la partita di James al liceo e, da Boston, la grande promessa Brian Shaw, che, guardate com'è la vita, sarebbe diventato famoso più avanti, proprio con i Lakers, come compagno di Kobe, ma non corriamo troppo. In quel periodo attraverso la mediazione di coach Bianchini, Gardini mi aveva offerto di diventare il responsabile delle relazioni esterne del club che si sarebbe chiamato "Il Messaggero", offerta, come capirete, che non avevo certo potuto rifiutare. Tra le tradizioni della squadra, sin dalla giornata iniziale di campionato, c'era anche quella di ritrovarsi allo Sheraton di Roma, per una specie di miniritiro anche prima delle partite casalinghe. In quel periodo Joe Bryant, il papà di Kobe, giocava a Reggio Emilia, dove tra l'altro Kobe ha mosso i primi passi con la palla da basket. Quando poteva, assieme ai due figli e alla moglie, una delle donne più belle che io abbia mai visto, passava in hotel per fare due chiacchiere con Ferry, Shaw e con noi tutti. E mentre i grandi parlavano, il piccolo Mamba, con la sorella Sharia, continuava a palleggiare, costantemente, nell'hall dell'albergo. Il rimbalzo del pallone si faceva decisamente sentire tanto che, a un certo punto, qualcuno seduto non lontano si era lamentato con il personale. Vedendo la scena, Shaw, persona sveglissima, simpatica e divertente, si era messo di mezzo, offrendo un'avvertenza al cliente infastidito: "Guardi che quello che sta palleggiando, tra qualche anno, diventerà una superstar del basket mondiale" gli aveva detto. Brian disponeva di tante doti (a Caserta, ad esempio, pur essendo destrorso, aveva giocato una partita intera tirando solo di sinistro, per un infortunio al polso), ma non aveva certo quella profetica. In quella situazione, l'aveva sparata così a caso, eppure le sue parole erano bastate a zittire chi aveva protestato che, magari ci aveva anche creduto.»

«Ma poi l'assurdo è che tutto è successo davvero» aveva quasi urlato Federico.

«Eh sì, incredibile. Poi è andata realmente così, ma non solo. Quando Kobe è cresciuto ed è andato all'high school in Pennsylvania, assieme a papà Joe, aveva deciso che sarebbe passato subito pro, senza accettare la corte di molti college che lo volevano, un po' come ha fatto LeBron, con la differenza che al liceo James era nettamente più avanti, almeno fisicamente. Il problema era che al draft, a sceglierlo era stata Charlotte e la famiglia Bryant aveva precedentemente dichiarato che Kobe non avrebbe mai indossato quella maglia. Con un colpo di teatro, erano allora entrati in gioco i Lakers che, cedendo agli Hornets Vlade Divac, il loro pivot titolare, si erano portati a casa un promettentissimo diciottenne, figlio d'arte, ma sicuramente anche una bella scommessa per tutti. Di lì a poco, Kobe sarebbe esploso. A Los Angeles, da Orlando, sarebbe arrivato Shaquille O'Neal e con loro anche Brian Shaw. Il cerchio si era chiuso.»

«Pazzesco davvero, ragazzi, che storia è? Ma raccontaci anche l'altra, non vedo l'ora.» Mario pregustava il seguito e, dopo aver trangugiato l'ennesima lattina di Coca-Cola, potevo proseguire: «Dobbiamo mandare avanti il calendario di ventitré anni, arrivando ai primi di agosto del 2019. La location è sempre italiana, ma questa volta siamo a Portofino.

In quei giorni, sudato come un disgraziato, stavo sgombrando una casa che avevo preso in affitto per i tre mesi precedenti. Entro mezzogiorno dovevo liberarla perché, di lì a poco, sarebbe subito subentrato l'inquilino successivo. Indossando una maglietta nera, grave errore quando c'è il sole a picco, bagnata come se mi fossi buttato nel porto, spingevo un carrello con sopra i miei averi estivi verso il parcheggio di Portofino, per caricare la macchina, quando da dietro mi ero sentito toccare una spalla. Una persona, decisamente più alta della media, mi stava chiedendo delle informazioni su come portare i suoi, di bagagli, in albergo. Per rispondergli, avevo dovuto girarmi verso di lui, trovandomi faccia a faccia con…».

«Con?» aveva insistito Massimo, infilandosi nella pausa teatrale.

«Con?» incalzava Federico, seguito dal coetaneo: «Con?».

«Con… Kobe e famiglia, appena arrivati in riviera. Mi aveva scambiato per il facchino dell'hotel. Per qualche secondo ero rimasto immobile, non sapendo se rispondergli, facendo finta di nulla, o presentarmi. Considerate che, negli anni precedenti, Kobe era venuto spesso in Italia, come volto della Nike, e in un paio di occasioni avevamo parlato, soprattutto del periodo romano che vi ho raccontato, oltre alle tante altre curiosità che riguardavano la sua infanzia reggiana. Quindi, per lui, non ero quel perfetto sconosciuto che aveva visto distrattamente da bambino. Dopo qualche tentennamento, nel bel mezzo di via Roma a Portofino, circondati da mille persone che, avendolo riconosciuto, volevano tutte farsi un selfie con lui, avevo deciso che era il caso di farmi riconoscere. Dopo un attimo tra la perplessità e l'imbarazzo, era scoppiato in una risata, scusandosi per lo scambio di persona: "*Guido, my God!*" aveva esclamato, per poi presentarmi alla sua famiglia. Io avevo fatto lo stesso con la mia fidanzata. Vista anche la situazione, logisticamente non comodissima, gli avevo allora lanciato l'idea di bere qualcosa insieme, una volta finito di caricare l'auto e di aver fatto una veloce quanto necessaria doccia.»

«E lui?» bramava Niccolò. «Aveva accettato?»

«Sì. Mezz'ora dopo eravamo seduti al Jolly Bar, sulla calata di Portofino, con quattro ottimi Spritz per noi e delle bibite per le figlie. Avevamo trascorso un'oretta splendida, piena di ricordi e bellissime storie, comprese quelle che riguardavano la sua vita dopo il basket. Mi ero complimentato per la vittoria agli Oscar, con il suo documentario *Dear Basketball* che lo aveva fatto diventare l'unico essere umano a potersi fregiare di una medaglia d'oro olimpica e di una statuetta. "Meglio di un titolo NBA" mi aveva risposto con il suo sorriso alla Magic. Dopo quella frase ci eravamo salutati, dandoci appuntamento a una partita di Milano, della quale, suo padre, che tra l'altro è recentemente mancato, era stato anche proprietario.

Cinque mesi dopo era accaduto quello che purtroppo sapete tutti.»

25

Se da una parte i due aneddoti su Kobe, aperitivo compreso, avevano sicuramente «preso» il mio gruppo d'ascolto, dall'altra il finale della storia, con quello che gli era successo quel 26 gennaio 2020, pareva averlo incupito. Soprattutto la faccia dei due ragazzi era diversa, anche perché, avevo pensato, vista la loro età, Kobe era decisamente il giocatore che per primo, dal vivo, li aveva sicuramente emozionati. Magari erano piccoli e lui a fine carriera, ma se di Magic, Bird e Jordan avevano solo sentito parlare, nel suo caso, invece, lo avevano visto sicuramente in azione con gli ultimi suoi Lakers, quelli con Pau Gasol come centro titolare. Per sciogliere un po' l'ambiente, avevo allora deciso di riprendere subito il racconto su LeBron. Tempo di una passeggiatina tra i corridoi e un paio di snack accompagnati da una bibita, ed ero nuovamente pronto.

«Nonostante avesse vinto il suo secondo titolo consecutivo, arrivando a due terzi della famosa promessa, e sebbene si fosse finalmente sposato con Savannah, l'estate del 2013 per LeBron aveva un sapore strano.

Tutti a Miami festeggiavano il terzo anello della franchigia, pronosticandone un quarto in meno di un anno. La squadra aveva retto bene ai (pochi) problemi arrivati in stagione e aveva nei *tre amigos* ancora il trio di giocatori più incisivo dell'intera lega. E anche il resto del roster, come la tripla di Ray Allen aveva ampiamente dimostrato, era assolutamente all'altezza. Magari Riley avrebbe fatto ancora qualcuna delle sue mosse a sorpresa per rinforzare ancora di più i suoi Heat, ma, comunque, almeno dall'esterno, c'era davvero poco di cui preoccuparsi. Nella testa di James, invece, i fatti che lo circondavano si stavano sviluppando in maniera differente. Durante la serie finale con gli Spurs, si era reso conto di come Miami avesse schivato un bel proiettile, vincendo sì il titolo NBA, ma con molti più saliscendi di quanto la stagione regolare avesse lasciato supporre. Era conscio di come la squadra avesse fatto fatica a reggere i suoi ritmi, da puro MVP. Per differenti motivi, sia Wade che Bosh avevano fatto il loro dovere, è vero, ma se Miami avesse voluto continuare a vincere, arrivando al famoso terzo titolo della promessa/spada di Damocle, loro due, soprattutto, dovevano fare meglio. E poi c'era la storia del contratto in scadenza. Il suo, ma anche quello degli stessi Wade e Bosh. Quando il Prescelto era arrivato a Miami, aveva deciso di firmare per un quadriennio, come consigliato dall'amico agente Paul e non per i cinque anni che avrebbe voluto Riley. A ruota, Bosh aveva fatto lo stesso e Wade aveva rinnovato in fotocopia con gli altri due. Quello che quindi andavano ad affrontare dopo l'estate sarebbe potuto essere, per tutti e tre, il loro ultimo campionato insieme, soprattutto se non fosse finito nel migliore dei modi. E in James, l'idea di dare un'altra svolta alla sua vita da star stava montando nella testa, minuto dopo minuto, giorno dopo giorno, durante un'estate in cui era rimasto poco a South Beach, rifugiandosi più del solito nel suo castello di Akron. La sua infanzia, i suoi amici del liceo, il suo arrivo trionfale ai Cavs dopo il draft del 2003, i suoi sforzi per portare finalmente un titolo alla città di Cleveland dopo più di cinquant'anni, la sua decisione di lasciare l'Ohio e le polemiche che ne erano seguite, le brutte parole usate dal proprietario dei Cavs, insomma tutto quello che aveva vissuto nel triennio appena trascorso aveva ricominciato a presentarsi nei suoi pensieri con sempre maggiore costanza.

Tutto il campionato, anche se Miami aveva continuato a giocare come la squadra che tutti si aspettavano, era sembrato svolgersi sotto una specie di ombrello, o meglio di cupola, che impediava LBJ di godersela fino in fondo, ogni volta che scendeva in campo. Qualcosa si stava incrinando tra lui e il resto del mondo rossonero, anche se all'apparenza tutto sembrava normale e perfetto. In questo modo, si era arrivati sino ai playoff, dove gli Heat, in finale di Conference, avevano fatto fatica ancora una volta a liberarsi dei Pacers. Superato l'ostacolo Indiana, in finale, per loro, c'erano di nuovo gli Spurs, ancora increduli di quanto era successo l'anno prima e con una inimmaginabile voglia di vincere, per chiudere un ciclo che, come copertina, aveva avuto per quattordici anni Tim Duncan, contornato dai vari Parker, Ginóbili, Leonard, Kerr, Belinelli. E, infatti, la serie per il titolo, era stata senza un domani, San Antonio l'aveva chiusa 4 a 1. Miami era riuscita a vincere solo gara due, in trasferta. Il resto è storia e lo diventerà ancora di più qualche settimana più tardi. LBJ, con una mossa impensabile per tutti, ma non per lui, che l'aveva decisa già da tempo, aveva annunciato che avrebbe lasciato Miami per ritornare ai suoi Cavs.

In qualche modo, quell'inizio di luglio del 2014 era entrato negli annali della pallacanestro. In poco più di tre giorni, Rich Paul aveva imbandito la tavola per la clamorosa reunion. Il proprietario di Cleveland, Dan Gilbert, quello che aveva giurato vendetta eterna per il tradimento di LBJ, era volato a Miami per incontrare il Prescelto e sussurrargli le tre parole che sarebbero state la ciliegina sulla torta per il suo rientro a casa...»

«Raddoppio l'ingaggio» aveva scherzato Federico.

«Sbagliato» avevo ribattuto. «Non era una questione di soldi. Chi vuole tentare?»

«Come cantava Tiziano Ferro» aveva azzardato Massimo «perdono...»

«Praticamente è stato così» mi sono complimentato. «Bravo Massimo. "*I'm sorry*" gli aveva detto, scusandosi per averlo infamato ai tempi della sua dipartita. Era quello che LBJ voleva sentirsi dire, quello che gli mancava per decidersi. Due giorni dopo, i Cavs, in contemporanea con l'ennesima copertina che il settimanale *Sport Illustrated* aveva dedicato a James, avevano a loro volta dato al mondo intero la clamorosa notizia.»

«Questa volta» faceva notare Mario «il carisma di Riley e il potere economico di Micky Arison, proprietario degli Heat, nonché di Carnival Cruise Line e Costa

Crociere, non aveva potuto nulla contro il desiderio del Prescelto di tornare a casa.»

«Esattamente» avevo concordato per riprendere: «Provare a vincere anche per i suoi compaesani di Akron e cancellare così tutto quello che era accaduto con quel fatidico annuncio, che lui considerava, ormai da tempo, il suo più grosso errore professionale. Gli interessava solo questo e, infatti, le modalità del suo cambio di maglia erano state completamente diverse. Nessuna diretta tv della ESPN, nessuna conferenza stampa, nessuno sponsor miliardario, ma, soprattutto, lui non aveva fatto nessun annuncio, non promettendo nulla a nessuno, anche se era ovvio che se tornava a Cleveland, lo faceva per vincere».

«Quindi uno come lui aveva lasciato un posto come Miami, dove c'è gente che venderebbe la mamma per andarci a vivere, tra l'altro con una squadra ancora decisamente competitiva, solo per un questione di rimorso rispetto alla terra che gli ha dato i natali?»

Il dubbio di Mario era legittimo e meritava una risposta articolata: «In parte è così, in parte non proprio. Durante la finale con San Antonio, LBJ aveva avuto la riprova che gli altri due, a differenza sua, stavano perdendo qualche colpo di troppo. Soprattutto Bosh, acclamato al suo arrivo in Florida come una stella, stava sempre di più diventando una spalla. Importante, intendiamoci, ma per vincere ci voleva di più. Wade, sempre comunque speciale in tutto, aveva dato l'idea che stesse uscendo dal suo *prime*. Con questo in testa, James aveva reputato che Miami, considerata anche la crescita di altre squadre, soprattutto all'Ovest, non avrebbe mai più vinto, salvo l'impossibile arrivo di qualche altro crack o l'esplosione di un giovane talento, che, al momento, nel roster non c'era. Per quanto riguarda il fattore ambientale, poi, è ovvio che Miami vale cento volte Cleveland, almeno per nove mesi all'anno, ma io credo veramente che LeBron volesse tornare a casa per mostrare a tutti che poteva vincere anche lì e che la gente dell'Ohio, quella che aveva bruciato per strada le sue canottiere, si potesse ricredere sul suo conto. Guardate, vista dieci anni dopo, quella è stata comunque un'altra grande operazione di marketing, per conquistarsi o riconquistarsi ogni possibile appassionato. A Miami aveva lasciato il segno con i due anelli e nessuno si era certo arrabbiato per la sua partenza. Magari un po' di dispiacere, certo, ma nessun sentimento negativo. A Cleveland e dintorni, avevano invece dimenticato tutto, un minuto dopo la pubblicazione della notizia. Meglio di così, non avrebbe potuto fare».

26

«Signori passeggeri, buongiorno di nuovo, è il primo ufficiale che vi parla, solo per darvi qualche indicazione sul nostro volo, che sta procedendo nel migliore dei modi. Dopo la traversata oceanica, stiamo adesso sorvolando il Newfoundland, per poi entrare, fra poco, sul territorio americano. Lì voleremo sopra i Grandi Laghi e le Montagne Rocciose, per poi arrivare in California e nell'area di Los Angeles, dove prevediamo di atterrare tra quattro ore circa. Godetevi il resto del viaggio.»

Con queste parole, il nostro pilota appassionato della spicchia ci aveva inconsapevolmente comunicato che, se la mia audience avesse retto, avremmo avuto tutto il tempo necessario per portare a termine vita, morte e miracoli del buon LeBron.

«Però non è che la Cleveland che James si era ritrovato tra le mani fosse poi tanto meglio di Miami, anzi…»

Questo appunto di Massimo mi aveva permesso di ricominciare: «Vero, ma a parte tutto quello che abbiamo detto sui suoi desideri di casa dolce casa, i Cavs avevano comunque già in formazione dei giocatori che James reputava molto interessanti, come il brasiliano Anderson Varejão, centro molto duttile e soprattutto mobile per portargli tutti i blocchi possibili. Inoltre, avrebbe potuto giocare a fianco della stella nascente Kyrie Irving. Con lui, LeBron avrebbe avuto accanto uno che tirava bene da tre ma che andava anche al ferro come pochissimi in tutta lega. Se a questo aggiungiamo i veterani come Mike Miller, che attratti dalla possibilità di giocare col Prescelto, erano corsi ai Cavs, accettando anche meno soldi che altrove possiamo decisamente dire che il front office aveva fatto un buon lavoro per cercare di farlo ripartire nel migliore dei modi. Certo, qualche sacrificio era stato necessario, come la cessione della prima scelta assoluta Andrew Wiggins, scambiato con Kevin Love, per rinforzare il reparto lunghi, ma i Cavs, in quei momenti, dovevano pensare solo al breve termine, per tentare di vincere al massimo entro un paio d'anni. Programmare per il futuro con giovani promesse da formattare era un altro discorso, che non gli apparteneva».

«Ma, alla fine, la squadra l'aveva fatta LeBron, dai» aveva punzecchiato Mario con un sorriso.

«In molti sostengono di sì, tuttavia la scelta di David Blatt come allenatore, sicuramente non era stata sua anche per una questione di tempi... Ma, questo ve lo racconto dopo. Diciamo che, di sicuro, James aveva avuto voce in capitolo su ogni acquisto o cessione, ma dichiarare che si era messo alla scrivania al posto del General Manager David Griffin, questo non credo proprio, anche perché Griffin è uno dei migliori sul mercato dei dirigenti NBA, una specie di Giuntoli, tanto per fare un paragone calcistico molto attuale di questi tempi.»

«Scusi l'ignoranza, ma se il pallone non è a spicchi non lo seguo» aveva premesso Niccolò prima di esprimere il suo dubbio: «Chi è Giuntoli?».

«È il direttore tecnico della Juventus, arrivato a Torino dopo aver portato il Napoli ai vertici del campionato di Serie A, fino alla conquista di uno storico scudetto nel 2023. Comunque, con o senza LeBron come consigliere, i Cavs avevano costruito in pochi mesi una ottima squadra, che però nonostante tutto in autunno aveva faticato e dovuto per forza fatto un upgrade durante il mercato di riparazione di gennaio. Lì erano arrivati i centimetri, con il russo Mozgov, i punti dalla panchina con J.R. Smith e la difesa con Iman Shumpert. Con il loro inserimento, Cleveland aveva cambiato marcia, vincendo il 75 per cento delle partite rimanenti e presentandosi ai playoff come una delle favorite per arrivare fino in fondo. Decisamente un bel salto di qualità, pensando a dov'era dodici mesi prima. Nonostante un infortunio che aveva messo fuori Love per il resto della post-season, la squadra aveva navigato dritta verso le Finals e lo aveva fatto senza mai voltarsi. Contro il pronostico di molti, i Cavs erano sbarcati in finale al primo anno della nuova era James. Tutto bene, anzi benissimo. Peccato che lì, poi, si fossero trovati di fronte Golden State, la formazione che aveva divertito di più durante l'anno, per come giocavano Stephen Curry e Klay Thompson, oltre al fatto che Kyrie Irving si era spaccato un ginocchio nel supplementare di gara uno.

Senza il suo talento, la serie, praticamente, era terminata lì, perché anche un super LeBron, forse addirittura il migliore di sempre, non aveva potuto fare il miracolo da solo. Il suo ritorno nella terra promessa era finito così, con una sconfitta, la terza nelle cinque finali consecutive che LBJ aveva giocato. Volendo vedere il bicchiere mezzo pieno, comunque, la sua presenza aveva riportato Cleveland al vertice, dopo che la stessa era letteralmente scomparsa dalla geografia della NBA dell'ultimo quadriennio. Considerandolo mezzo vuoto, invece, James aveva fallito. Di nuovo.

E così, per lui, era arrivata e anche passata un'altra estate colma di pensieri, ancora con il peso del vincente che perde a gravare sulle sue spalle. Oddio, lui, come molti a Cleveland, sapeva benissimo che l'essere arrivato in finale così da subito era stato, come dicevamo, qualcosa di unico. Al netto della stagione, però, il titolo era svanito ancora e Cleveland aveva nuovamente fallito il suo obiettivo. Ma bisognava andare avanti e riprovarci. Con una situazione contrattuale decisamente curiosa e inusuale per i cosiddetti free agent, i giocatori che cambiano squadra per loro volontà, James aveva firmato, dodici mesi prima, per un anno solo con i Cavs, come se avesse voluto vedere come sarebbero andate a finire le cose. In vista della nuova stagione, aveva poi rifatto la stessa cosa, con la proprietà che si era inchinata al suo volere, un segnale che la diceva tutta sul potere che LBJ aveva da quelle parti. Non riuscendo a fargli firmare un contratto pluriennale, i Cavs, rischiavano di riperderlo dopo solo un biennio. Anche se nessuno voleva ammetterlo, la sua presenza, il suo status, il suo carisma, influenzavano chiunque, dall'usciere della Quicken Loans Arena al proprietario della franchigia. La prova provata di tutto questo era arrivata a metà della stagione successiva, nel gennaio 2016. Quando i Cavs, dopo un inizio di campionato molto altalenante, stavano cominciando finalmente a carburare, avevano improvvisamente licenziato in tronco coach David Blatt. Con lui, James non aveva mai avuto un rapporto facile, anche perché se lo era trovato già in panchina al suo ritorno in Ohio, quindi, a differenza dei vari movimenti di mercato, sui quali aveva avuto molto più di una parola, su Blatt non aveva potuto scegliere.»

«Ma come mai» aveva chiesto allora Massimo «quasi tutte le grandi stelle finiscono con l'imporre la loro volontà, anche in club molto più importanti di Cleveland?»

«Credo sia una questione fisiologica e non succede solo nel basket. Quando hai in squadra una stella, ti viene, anche inconsciamente, di verificare con lui tutto quello che fai a livello tecnico. Ciò non toglie nulla a dirigenti come lo stesso Griffin, ma succede sempre e comunque. Tornando per un attimo ai Lakers, era successo con Magic e anche con Bryant, uno che, addirittura, era riuscito a vincere la sua battaglia sul campo di ego contro ego con Shaq.»

«Quindi James aveva chiesto e ottenuto la testa di Blatt» aveva sottolineato Mario.

«Sì, dicono tutti di sì, anche se, ufficialmente, lui risultava estraneo alla decisione.

Dopo due sconfitte belle toste con Golden State e San Antonio, tra l'altro le due più probabili avversarie per una eventuale nuova finale, lo storico coach del

Maccabi era stato frettolosamente salutato, lasciando il posto a Tyronn Lue, il suo primo assistente, ma soprattutto, grande amico del Prescelto. Con Lue, Cleveland aveva faticato un po' all'inizio, poi, ingranando la quinta, era arrivata ai playoff come la miglior squadra a Est, giocandoli poi ottimamente, aspettando chi, a Ovest, sarebbe stata la sua avversaria. Per James si trattava della sesta presenza consecutiva all'ultimo atto finale della lega. Un record.

Cleveland se l'era giocata ancora con Golden State. Visto quello che era accaduto dodici mesi prima, in pochi, bookmaker compresi, credevano in una vittoria dei Cavs, anche perché se il primo ballo da debuttanti in finale di Curry e Thompson era stato già memorabile, i due erano migliorati ancora e non di poco, dopo un'altra stagione insieme. Grazie soprattutto a loro, in regular season, i Warriors avevano vinto in totale settantatré partite, superando il record dei Bulls di Jordan, che sembrava a tutti davvero imbattibile.»

«Signor Guido, non è che ha sbagliato con i numeri?» era intervenuto Federico per correggere quello che riteneva un errore: «Ha detto settantatré vittorie in un campionato. Se non sbaglio, nella NBA si giocano ottantadue partite. Vorrebbe dire che in sei mesi ne avevano perse nove. Impossibile dai...».

«No, no, è andata esattamente così. Tra l'altro questo è anche un record tra i più facili da ricordare, visto che il precedente di Chicago era già stato considerato come una vera e propria mostruosità. Jordan a parte, in quella stagione, Scottie Pippen aveva giocato probabilmente la sua miglior pallacanestro di sempre. Era il

1996, l'anno delle Olimpiadi di Atlanta. Dopo i giochi Scottie era venuto qualche giorno in Italia, e, a una cena, mi aveva raccontato un sacco di aneddoti meravigliosi proprio su quell'annata.»

«E i Warriors hanno fatto meglio?»

«Di una partita. Per mettere insieme una stagione del genere, ci vogliono tanti fattori, ma principalmente almeno due giocatori, in squadra, che ne facciano, in coppia, come minimo cinquanta a sera. Chicago li aveva, Golden State anche. Tornando invece alla nostra serie, in effetti le prime partite avevano dimostrato quanto vi ho raccontato poco fa. Lue e i suoi Cavs non avevano armi difensive per fermare la coppia Curry-Thompson, alla quale dobbiamo aggiungere anche Draymond Green, quello che, in una telecronaca, una volta, ho definito "satanasso". Green è il terzo uomo che non ti aspetti, uno che sa giocare a basket, ma spesso viene usato dai Warriors, per "mettere le mani addosso" all'avversario più importante, un po' come accade nell'hockey su ghiaccio, con dei giocatori che sono lì apposta, anche per provocare. E in questo caso, capirete da soli chi fosse il predestinato per questo trattamento speciale. Attenzione però, perché proprio Green, che spesso e volentieri tende a esagerare nel suo modo di giocare, era poi diventato l'elastico per quella che verrà ricordata e classificata come la rimonta più incredibile della storia della lega. I Warriors, infatti, erano andati subito avanti 2 a 0 nella serie, vincendo poi anche gara quattro a Cleveland, dove però Green aveva dato di testa, commettendo un brutto fallo su James. Gli arbitri, sul momento, non lo avevano visto. A bocce ferme, invece, la lega aveva deciso di sospenderlo per il primo match ball dei suoi, in casa, tre giorni dopo. Anche senza il satanasso, LeBron e i suoi erano con le spalle al muro. Mai nessuna squadra nella storia della NBA era risalita dall'1-3 in finale, per vincere poi il titolo. In più, se Cleveland avesse voluto provarci, avrebbe dovuto vincere due volte in trasferta. Impresa impossibile? Forse, ma non per il Prescelto 4.0 che vede, sopravvede e provvede. La quinta partita, i Warriors l'avevano giocata malissimo, perdendola nettamente, dopo aver lasciato il campo intero a James e Irving che ne avevano messi quarantuno a testa.»

«Aspetti, aspetti» si era sorpreso Federico. «Per LBJ mi va bene il quarantello, ma Irving, allora, era già a quel livello?»

«Beh, direi di sì, visto che aveva messo a sedere, in una partita cruciale, i campioni in carica.»

«Perché per noi, e parlo anche a nome di Niccolò, lui è davvero il giocatore più immarcabile di tutta la lega.»

«Posso essere d'accordo, anche se ci sono delle partite in cui preferiresti che, per l'atteggiamento che ha in campo, non si fosse nemmeno cambiato. E poi, non sai mai quello che vuole, basta vedere la sua carriera. Comunque, come quest'anno con Dončić, accoppiato a LeBron, nel 2016 aveva fatto davvero i numeri. Dopo questa doppia prestazione mostruosa, Cleveland era tornata a casa per vincere anche gara sei, sulle ali di quello che era successo qualche giorno prima a Oakland, dove poi si era tornati per una gara sette tanto inaspettata quanto esageratamente intrigante. Mille motivi d'interesse. Il primo, ovviamente, Curry contro LeBron, due tra i migliori di sempre, allora come adesso, vista anche la finale olimpica di questa estate contro la Francia.

Molti si erano stupiti, sorpresi, di come i Cavs si fossero rialzati dal 3 a 1 a loro sfavore, ma non LBJ, che aveva continuato a ripetere ai suoi una frase da vero condottiero, una specie di mantra: "Seguite me, sempre". La diceva di continuo, per tenere alto il morale in spogliatoio ma anche per far capire agli altri che se c'era un uomo in missione, quello era lui, e questa volta non avrebbe fallito. La partita non aveva tradito le attese, nonostante la tensione fosse enorme, contribuendo a qualche sbalzo negativo della qualità del gioco. Ma con la posta in palio, ci stava. Golden State, che aveva perso per infortunio il suo centro Andrew Bogut, aveva per questo fatto molta fatica sotto le plance, nonostante i Cavs non avessero uno che dominava da quelle parti. Si erano portati avanti con piccoli strappi, con vantaggi minimi. Le difese avevano lavorato meglio degli attacchi e LeBron, anche lì, aveva fatto la differenza. La sua stoppata su Andre Iguodala, l'MVP delle finali dell'anno precedente, rimane una specie di poster che ognuno dovrebbe appendersi in camera, in ufficio, in bagno, insomma dovunque. Si era entrati così nell'ultimo minuto. In una fase dell'incontro in cui i Cavs stavano facendo una fatica pazzesca, Kyrie Irving aveva messo una tripla. Cleveland era andata in vantaggio, ma con ancora tanto tempo sul cronometro, considerando che giocava in trasferta. Era toccato allora alla difesa e a Kevin Love, il terzo violino dei Cavs, chiudere ogni discorso. Love aveva accettato uno scambio di marcatura, finendo su Curry, per compiere poi una vera e propria opera d'arte, sul miglior tiratore del globo. Incredibile ma vero, Cleveland era campione del mondo contro tutto e tutti! LeBron MVP delle Finals per la terza volta in carriera. Poteva davvero sentirsi come il miglior giocatore del pianeta. Con lui, Cleveland aveva potuto finalmente festeggiare qualcosa, trovando una collocazione sulle cartine geografiche americane.»

27

Con qualche sobbalzo, dovuto alle classiche perturbazioni che si incontrano quasi sempre sorvolando le Rocky Mountains e che avevano costretto il comandante a tenerci con le cinture allacciate per un'altra mezz'oretta, il nostro viaggio era poi proseguito senza intoppi. Avevo approfittato della situazione per riordinare un po' di note sui vari appuntamenti di lavoro e di piacere che mi attendevano, una volta atterrato. Halloween con i «dolcetti o scherzetti», l'intervista a LeBron, la partita, una cena con l'amica Raffaella, il console italiano a Los Angeles. Insomma, tanta roba. Avrei alloggiato dal mio amico Matteo, che da qualche tempo si è trasferito a Los Angeles per diventare un top manager di una grande agenzia pubblicitaria. Con un passato nella gestione delle private equity londinesi e un periodo trascorso tra Parigi e Milano, alla fine aveva scelto la California, anche per accontentare sua moglie, americana del Kentucky. Pensando a mille cose, mi era tornato alla mente un bell'aneddoto da legare proprio alla storia di James e i Lakers, che mi sarebbe piaciuto raccontare ai miei vicini di viaggio. Prima però, a parte andare a recuperare Mario, che aveva dovuto forzatamente tornare al suo posto, molto più indietro rispetto al nostro, dovevo chiudere il racconto di LeBron e il suo secondo estratto a Cleveland.

«Se siete pronti, io ripartirei» avevo allora comunicato al gruppo «anche se, per accorciare un po' i tempi, abbrevierei di un bel po' le ultime due stagioni di LBJ ai Cavs che, nonostante altre due finali conquistate, sono state una nuova sofferenza per lui.»

«E perché?» aveva domandato Niccolò.

«Perché, per la terza e quarta volta consecutiva, si era ritrovato ancora di fronte Golden State e siccome i miracoli accadono, ma è difficile che si ripetano, lui e i Cavs avevano perso in entrambe le occasioni e in maniera decisamente netta, se non brutale.»

«Urca, addirittura brutale» aveva esclamato Federico.

«Eh sì, e i motivi sono molto chiari. Nel campionato 2016-17, i Warriors, con una squadra già fortissima, avevano aggiunto al roster un tale... Kevin Durant, che unito a Curry e Thompson formava un trio onestamente "fuorilegge". Con lui, che spesso e volentieri marcava e veniva marcato da James, avevano portato a casa il loro secondo titolo, vincendo la finale 4 a 1. Nemmeno il tempo di riorganizzarsi per riprovarci il campionato successivo, che LeBron e i Cavs hanno dovuto subire la "bizza delle bizze" da parte di Kyrie Irving, come dicevamo gran talento sul campo, ma personaggio la cui gestione diventa spesso al limite dell'impossibile. Irving si era detto stufo di fare "l'assistente" di James, di essere schiacciato dalla sua popolarità e aveva chiesto di essere ceduto in maniera irrevocabile. A Cleveland non restava che accettare e a James, delusissimo dal comportamento del suo preferito tra i compagni di squadra, di continuare a combattere, almeno ancora per un anno, con un roster decisamente indebolito. Nonostante tutto questo, grazie unicamente e solamente a lui, i Cavs ne avevano avuto ancora. In una Eastern Conference che viveva un periodo di transizione, con Boston, Philadelphia, Milwaukee, Chicago e Miami tutte decisamente sottotraccia, Cleveland era arrivata ancora in finale, per la quarta volta consecutiva, ancora con i Warriors. Ma questa volta, per LBJ e soci non c'era stata storia. Golden State aveva vinto in carrozza, 4 a 0, decretando, in pratica, la fine di "LeBron 2, la vendetta". Lo sapeva lui e lo sapevano tutti, ma proprio tutti in città. Eppure questa volta nessuno protestava, nessuno si arrabbiava o commetteva gesti inconsulti. Il re era tornato, aveva riparato al suo errore vincendo il titolo e poteva anche riandarsene, senza problemi. E questo, poco dopo, era puntualmente successo.»

«Ma, considerata anche questa ennesima sconfitta» aveva provocato Mario «siamo ancora tutti sicuri che James sia davvero il più forte di tutti?»

«Se hai ancora un po' di pazienza, storie e cronache a parte, ti dimostrerò di sì, Marietto. Nel frattempo, sentiti questa.»

«Sono tutto orecchie.»

Mario era un'ottima spalla. Un uomo che mastica basket a colazione, pranzo e cena, conosceva bene ciò che stavo per raccontare e mi aveva imbeccato per farlo sentire agli altri: «Fine giugno 2018. Ero a Los Angeles, da Matteo, nella stessa casa in cui alloggerò anche questa volta. Lui abita a Brentwood, ancora adesso il quartiere più cool di Los Angeles, a metà strada tra Beverly Hills, Bel Air e Century City. Casa sua è a pochi passi dalla villa dove ha vissuto ed è anche morta Marilyn Monroe, rimasta ancora esattamente uguale a com'era all'inizio degli anni Sessanta. Vi racconto questo, perché spesso, durante il giorno, da quelle parti, arrivano i turisti a fotografarla, essendo addirittura segnata sulle mappe. La mattina del 30 giugno, mi ero alzato per fare una corsetta, quando, dopo una decina di minuti, svoltato un angolo, mi ero ritrovato davanti a una specie di cordone di sicurezza, fatto da tre o quattro bodyguard, che, indicandomi di cambiare lato della strada, mostravano di proteggere qualcuno, incredibilmente ancora più grande e robusto di loro, appena sceso da una limousine. Mettendolo a fuoco, l'avevo riconosciuto subito: era Magic Johnson. Per qualche attimo avevo smesso di correre e mi ero fermato a guardare, cercando di capire perché Magic fosse lì e cosa stesse facendo. Poco più in là, una piccola folla di curiosi, forse tifosi, non osava avvicinarsi. Uno di loro gli aveva urlato: "*Come on, Magic, do something!*", "Forza Magic, fai qualcosa", riferendosi al momentaccio dei Lakers, che necessitavano di una scossa. Lui, senza rispondere, dopo averli salutati con un braccio, era entrato nel giardino di una splendida villa, lasciando le guardie del corpo ad aspettarlo fuori. Bene, pensate i casi della vita: quel giorno, Magic era andato a casa di LeBron, che, Akron a parte, da un paio d'anni aveva scelto Los Angeles come sua dimora preferita. Era andato lì per proporgli di venire ai Lakers. Al momento, ovviamente, tutto questo io non lo potevo sapere, ma qualche giorno dopo, i giornali americani avevano raccontato tutta la storia, i suoi retroscena, e io avevo capito. Ero stato l'inconsapevole testimone di un momento storico per il basket. In quegli attimi i Lakers, caduti in disgrazia dal ritiro di Kobe, mai più andati ai playoff dal 2013, con Magic diventato da poco presidente della franchigia, avevano fatto a LBJ una delle famose offerte che non si possono rifiutare. E lui, accettandola, aveva dato il la alla quinta parte della sua vita da giocatore. Dopo Akron, Cleveland, Miami e ancora Cleveland, si sarebbe esibito nella città degli angeli, raccogliendo proprio dalle sue mani, l'eredità di Magic Johnson, che con i suoi cinque titoli aveva fatto diventare il gialloviola un binomio cromatico da sogno».

«Guido» aveva allora chiesto Massimo «non dirmi che Magic, appena ritornato ai Lakers con un ruolo che non aveva mai svolto, era già in grado di fare il mercato...»

«Quello no, almeno a livello globale» avevo risposto. «Infatti, appena nominato da Jeanie Buss, l'erede della proprietà della squadra, aveva corteggiato e poi assunto il superprocuratore Rob Pelinka, nominandolo General Manager del club. James, invece, lo aveva convinto proprio Magic, perché LBJ aveva preteso di vedersela da solo con colui che, da bambino, era stato il suo idolo per tanti anni. Il resto della squadra, per altro quasi tutta da rifare, era invece nelle mani di Pelinka. I Lakers venivano da un periodo così buio, che il solo pensare, come avevano fatto i Cavs, che LeBron potesse ribaltare la situazione tutto da solo era un'idea folle. Nel roster, qualcuno di talento c'era, come Ingram e Kuzma, ma il resto era da retrocessione, tanto per usare un termine di casa nostra. Questo James lo sapeva, però, dopo meno di dieci giorni dal suo incontro con Magic, aveva detto a Rich Paul di accettare l'offerta, interrompendo ogni altra trattativa con le squadre che si erano illuse di poterselo portare a casa. Per lui era pronto un ricchissimo contratto triennale, il massimo possibile che Los Angeles potesse offrirgli. Da lì all'inizio del campionato era stato un amen. Come previsto, i nuovi Lakers avevano esaurito ogni posto possibile e immaginabile in quella che adesso si chiama Crypto.com Arena, con i prezzi dei biglietti che, New York a parte, sembravano uno scherzo. Per vedere James in gialloviola, la gente aveva speso cifre impensabili, quindi, almeno sotto l'aspetto commerciale, il primo traguardo era stato raggiunto. Quello sportivo era invece tutt'altra cosa. La squadra aveva fatto fatica da subito. James si era infortunato in maniera abbastanza seria, per la prima volta in carriera, nella partita di Natale, tra l'altro proprio contro i Warriors. Aveva dovuto rinunciare a diciassette incontri e la discussione sul fatto che non fosse più un ragazzino e non potesse fare più tutto da solo era ufficialmente aperta. Il management aveva recepito messaggi e lamentele del suo clan, cercando sul mercato di febbraio una star che lo potesse aiutare. Cosa che non era mai successa in passato, i Lakers erano prima stati illusi e poi lasciati in mutande dai Pelicans, che avevano promesso loro Antony Davis, ma poi, all'ultimo, non lo avevano mollato. Con una formazione praticamente uguale alla prima palla a due della stagione, Los Angeles aveva poi mancato ancora i playoff, ma questa volta con il Prescelto in formazione. Per lui era la prima volta in carriera senza giocare la post-season.»

«Uno psicodramma che mi ricordo benissimo» aveva aggiunto Mario.

«Eh sì, perché le voci sul più forte che vince molto meno di quanto dovrebbe erano ripartite a palla e questa volta non arrivavano dalla piccola Cleveland o dalla distratta Miami, ma dalla capitale mondiale dello sport e dell'intrattenimento: Los Angeles. LBJ si apprestava a vivere un'altra estate difficile, forse addirittura peggiore delle altre, perché aveva capito che doveva lavorare ancora di più sul suo fisico, una macchina perfetta che aveva però bisogno, col passare degli anni, di qualche tagliando in più. In palestra, mentre si allenava da solo, gli era arrivata la notizia che, a forza di insistere, Pelinka era riuscito a prendere Davis da New Orleans, cedendo ai Pelicans quasi mezza squadra. Con lui al suo fianco, a quel punto, le cose potevano davvero cambiare. I Lakers avevano anche cambiato allenatore, assumendo Frank Vogel, non un crack, ma uno che lo stesso James aveva caldeggiato. Molto velocemente, le pedine giuste sembravano finire nello slot a loro destinato. In verità, a pochi giorni dal via del campionato, mancavano almeno due giocatori che gli avrebbero permesso di riposarsi un po' di più, grazie a una rotazione più lunga. Ma non era certo LBJ a preoccuparsi.»

28

«Ma quello che stava per iniziare, non era mica il campionato del Covid?»

«Esattamente, Federico. Anche se, ovviamente, nessuno poteva immaginare quello che sarebbe accaduto qualche mese più tardi, con la NBA che era andata a un millimetro dalla cancellazione della stagione, salvata grazie al coraggio del commissioner Adam Silver e alla creazione della “bolla” di Orlando. Qualcosa di unico e speriamo, visto il contesto in cui è nata, di irripetibile, che ha comunque dimostrato il valore di Silver. Ogni sport professionistico dovrebbe avere al vertice della piramide un uomo così. Gentile nei modi, ma deciso nei fatti, al servizio dei proprietari, ma anche vicino ai giocatori, Silver è stato il vero fautore dell'esplosione globale del prodotto NBA, diventata, soprattutto grazie a lui, la lega sportiva più popolare al mondo.»

«Eppure, a vederlo non lo diresti mai» aveva commentato Massimo. «All'apparenza sembra un timido bibliotecario, uno dalla cultura superclassica, non certo uno sportivo.»

«Beh, intanto, come dicono gli anglosassoni "Non giudicare mai il libro dalla copertina" e poi, avendolo conosciuto bene anche di persona, vi posso garantire che, dopo qualche battuta, ci si accorge subito di avere di fronte un fuoriclasse, non solo nel suo campo. Uno che, tanto per fare un esempio, di recente ha fatto firmare alle reti televisive americane un contratto di oltre settantasei miliardi di dollari per i diritti di trasmissione della lega dei prossimi undici anni.»

«Quanto hai detto?» Mario aveva alzato la voce così tanto da svegliare una signora che gli dormiva vicino. Poi, assorbito lo stupore, aveva abbassato bruscamente il volume al livello della pacifica discussione: «Ma se per il calcio italiano si sono scannati per settecento milioni a stagione, di che cosa stiamo parlando?».

«Di un altro pianeta, Mario, anche perché, ai settantasei miliardi, ne vanno aggiunti almeno altri venti che arrivano dai diritti globali della lega, oltre a quello che ogni squadra potrà incassare dal mercato locale, che in America è ancora molto forte. Pensa che la metà delle partite di LeBron, a Los Angeles, sono trasmesse da un canale cittadino della Spectrum SportsNet. Ah, scusatemi, dimenticavo gli incassi del League pass globale, la app che permette a chiunque di vedere ovunque ogni partita di campionato e playoff. Anche lì, ballano parecchi miliardi l'anno. E questo è solo un discorso che riguarda il mercato dei diritti video, immaginatevi cosa possa valere, il marketing globale della lega intera.»

«Insomma, il LeBron James dei commissioner» aveva aggiunto Massimo.

«Il paragone ci sta, anche perché, a differenza di altri dirigenti sportivi di successo, Silver ha iniziato veramente dal basso. Pensate che quando l'ho conosciuto era fresco di laurea in legge e al suo primo stage in NBA. Lavorava con David Stern, lo storico capo della lega, dalla cui mente è partito tutto quello che stiamo vedendo oggi. Ci siamo incontrati quasi per caso negli uffici della NBA sulla Fifth Avenue e lui, appena saputo che ero italiano, aveva cominciato a chiedermi qualsiasi cosa sul basket europeo. Voleva sapere tutto e il contrario di tutto. Ripensandoci oggi, si stava già portando avanti. Era il 1998, l'anno dell'arrivo di Dirk Nowitzki nella lega, scelto da Milwaukee, ma poi girato subito a Dallas. Il giocatore che avrebbe cambiato definitivamente l'approccio delle squadre NBA e dei loro general manager nei confronti della pallacanestro d'oltreoceano. Adam non aveva mai sentito parlare del tedesco, io, quasi per caso, invece, lo avevo visto giocare a un camp della Nike. Era magro, dinoccolato, un po' goffo, ma con un potenziale incredibile. Glielo avevo descritto in maniera dettagliata, spingendomi anche molto più in là, con una previsione che mi era venuta fuori spontaneamente.»

«E cioè?» voleva sapere Mario.

«"Scommettiamo che questo" gli avevo detto "nel giro di cinque anni, diventa uno dei cinque migliori giocatori di tutta la NBA?"

Lui aveva sgranato gli occhi, ci aveva pensato un attimo, poi, stringendomi la mano, aveva affermato: "*Done deal, Guido*", affare fatto. "Una birra se tutto questo accadrà mai." E con Nowitzki arrivato presto a essere una star, Silver aveva pagato il suo debito qualche anno dopo, durante un All-Star weekend, suggellando così il nostro rapporto che continua ancora oggi. Col senno di poi, su Nowitzki avevo volato anche troppo basso. Avrei potuto osare di più, aumentando la posta, magari aggiungendoci una pizza. Il tedesco, infatti, nel 2007, sarebbe addirittura diventato il primo MVP europeo della storia della lega.»

«Tornando al 2020 è quindi giusto dire che sia stato Silver a salvare la lega, con l'idea della bolla?»

«Lui ti risponderebbe di no, Massimo, considerato il suo carattere molto riservato, ma anche molto attivo sulle cose da farsi. Io, invece ti dico di sì e aggiungo che durante quei due mesi ha dovuto affrontare anche un altro, enorme problema...»

«Quale?» aveva chiesto Niccolò.

«Quello legato al Black Lives Matter, con i giocatori che, chiusi nel paradiso dorato ma forzato di Disney World, avevano praticamente deciso di mollare tutto, andandosene a casa, dopo aver visto in tv le violenze della polizia di Milwaukee e la morte di un cittadino, durante un arresto. Si era andati a un passo dal tracollo. I Bucks e i Lakers non ne volevano proprio sapere di tornare in campo. Solo una provvidenziale triangolazione tra LeBron, l'ex presidente americano Obama, intervenuto da mediatore, e lo stesso Silver, aveva miracolosamente salvato playoff e campionato.»

«Ma possiamo considerare, la stagione 2019-20, alla pari di tutte le altre considerato tutto quello che è successo?» Mario inseriva sempre una piccola spina nelle sue domande, quasi volesse alimentare il dibattito con la sua opinione celata da un punto interrogativo: «Intendo, il titolo vinto poi dai Lakers, vale tanto quanto quelli precedenti e successivi?».

Io, invece, sono quello che le spine le toglie: «Non vedo perché no. Sicuramente è stato un campionato particolare, stravolto dagli eventi. Tra l'altro, non dimentichiamoci che, poche settimane prima della pandemia, era morto Kobe Bryant, qualcosa che aveva avvolto in una cornice di tristezza infinita il mondo globale del basket. Il campionato, seppur più che dimezzato, si era svolto comunque regolarmente e tutti i club avevano accettato di giocarselo. Lo stesso, tanto per fare un esempio, era accaduto in Formula Uno, con una serie di Gran Premi accorpati uno all'altro, nei mesi autunnali. A metà marzo, coi Lakers in un ottimo momento e con LeBron che aveva finalmente cominciato a trovare l'intesa perfetta con Davis, la lega aveva deciso di interrompere immediatamente lo svolgimento del torneo. Poi, dopo mesi di discussioni, con il mondo intero che non sapeva e non capiva come andare avanti, la NBA aveva varato la bolla di Orlando, una sorta di Truman Show, un mondo (sportivo) parallelo, il cui copione, ovvero un dossier di oltre cento pagine con il regolamento, era stato inviato a ogni giocatore. Tutti gli atleti e lo staff delle ventidue squadre ammesse erano stati confinati in tre alberghi, attribuiti in base al livello di entrata nella post-season: il nostro LeBron stava alla Gran Destino Tower del Coronado Springs Resort, riservato alle prime quattro teste di serie di ciascuna delle due Conference.

Quelle dalla quinta all'ottava posizione erano alloggiate nel Grand Floridian Resort, che sembra davvero un castello delle fate. Tutte le altre allo Yacht Club. Ogni incontro si sarebbe disputato a Disney World. Da agosto a ottobre, erano rimasti tutti prigionieri del regno di Topolino, chiuso al pubblico per gli ovvi motivi che conosciamo. Nessuno poteva uscire. Parenti, amici e ovviamente i tifosi non erano ammessi. Ogni atleta veniva testato tre volte alla settimana. Cinque partite per ciascun club avevano concluso quello che rimaneva della regular season, prima dei playoff. I Lakers ne avevano vinte tre, usandole più che altro per fare "tuning" in vista dei playoff, dove avevano avuto da subito vita facile. Come previsto un po' da tutti, Davis, in mezzo, aveva tolto molta pressione a James che, spesso e volentieri, Vogel aveva fatto giocare anche da playmaker. Per uno che nella vita non ha mai realmente capito in che ruolo dovesse giocare, tanto era bravo e dominante dovunque lo schierassero sin da piccolo, essere libero di creare e finire molti dei giochi di Los Angeles era un sogno che si realizzava. In squadra, Davis poteva essere schierato in due posizioni, ala o centro. Tutti gli altri avevano il loro ruolo in rotazione, lui no, era ovunque, sia in attacco che in difesa. Era già successo con la nazionale americana, in più di una occasione, con coach Kerr che sembrava averci preso gusto a vederselo spaziare davanti agli occhi, consegnandogli le chiavi della fuoriserie che aveva tra le mani».

«Lo stesso che è accaduto anche alle Olimpiadi di Parigi» aveva giustamente annotato Mario.

«A Parigi, praticamente, è sempre partito da quattro, per poi, una volta iniziata la girandola dei cambi, mettersi nella condizione di fare quello che era più utile alla squadra. Se qualcuno ha capito in che posizione giocasse nei quarti periodi dei match con Serbia e Francia, alzi la mano. Di sicuro sappiamo però una cosa: se Curry, con le sue triple, ha risolto i problemi degli americani in finale, senza James, a quella partita, gli USA non ci sarebbero mai arrivati. Contro Jokić e i suoi fratellini, è stato lui a far capire ai suoi che bisognava cominciare a difendere per davvero, per poi andare al ferro con più continuità, chiudere i conti e schivare un proiettile da obice. Ma visto che oramai manca davvero poco al nostro arrivo, vorrei chiudere il discorso della bolla.

In finale, i Lakers avevano trovato Miami. La squadra, rispetto a quella che ha lasciato James, era quasi completamente cambiata, non c'erano più le stelle di una volta e le nuove erano "fresche di nomina", eccezion fatta per Bam Adebayo. Con lui, l'uomo in più era Jimmy Butler, ma, nonostante una ricostruzione già impostata da Riley, Miami era riuscita ugualmente ad arrivare all'atto conclusivo della lega, dando quel gusto alla serie che ci voleva nel rigore della bolla. Quando LeBron aveva lasciato gli Heat, lo aveva fatto in maniera soft, senza polemiche, soprattutto nei confronti di Riley e Spoelstra. Con entrambi, era poi rimasto in contatto costante, tanto che l'ex coach, diventato poi presidente, era stato uno dei primi a chiamarlo dopo l'incredibile vittoria con i Warriors, e coach Spo, da vice di Kerr in nazionale, aveva insistito sino all'esaurimento per convincerlo a tornare con team USA dopo i forfait di Rio e Tokyo. Per lui, quindi, questa finale aveva una parte sentimentale davvero particolare. Poi c'è il campo, dove tutto cambia e i ricordi si mettono in un angolo, anche perché i Lakers, alla fine, avevano dimostrato di essere un'altra cosa rispetto a quell'edizione degli Heat. Già favoriti, prima della prima palla contesa, si erano trovati il terreno spianato anche dall'infortunio alla spalla di Adebayo, che aveva escluso il centro di Miami da tutta la serie. Nel silenzio di Orlando, era finita 4 a 1, con i pochi ammessi che avevano festeggiato per quanto si poteva. Per i Lakers era il diciassettesimo titolo della loro storia, per LeBron il quarto, con tre squadre diverse e dieci finali giocate.»

«E soprattutto» aveva concluso Massimo «il primo nel ruolo di attrazione principale di Disney World. E Topolino muto.»

29

«Ancora una volta buongiorno dal *cockpit*, è nuovamente il vostro primo ufficiale che vi parla. Abbiamo appena iniziato la parte finale del nostro viaggio e stiamo sorvolando Denver, Colorado. Superate le Montagne Rocciose, vireremo leggermente sulla nostra destra, per allinearci, dopo la zona del deserto del Mojave, con la rotta che ci porterà al Bradley International Airport di Los Angeles. Il tempo a terra è perfetto, sole con venticinque gradi centigradi.»

«A questo punto, però» avevo detto agli altri «sapete tutto o quasi di LeBron, molto di me e allora raccontatemi almeno qualcosa di voi. Dove andrete, cosa farete nei prossimi giorni? Tu ad esempio, Mario, siamo amici, ci vediamo spesso a Milano, ma non ho idea del perché tu sia su questo volo, in un periodo come questo...»

«Ma come non lo sai, Guidone, vengo con te a vedere LeBron alla soglia dei quaranta, che domande che fai?»

«Ah, e da che cosa ti travesti, da Laker Girl, per entrare all'Arena che è esaurita da mesi?»

«Beh, depilandomi potrei provarci» aveva risposto, ridendo.

«Sei decisamente fuori misura e soprattutto fuori grazia e bellezza! Ma, scherzi a parte, se volessi venire, la vedo davvero dura. Potevi dirmelo prima, no?»

«E che ne sapevo che tu ci andavi? Biglietti da comprare… fuori mercato?»

«Il match è esaurito da mesi, anche perché si gioca la sera di Halloween. Comunque se vuoi, non appena scendiamo, ti do il numero di uno che, in un albergo davanti alla Crypto.com Arena, vende ogni tipo di biglietto, per qualsiasi partita. Mi aveva abbordato qualche anno fa, proponendomi a prezzi impossibili i biglietti per il concerto di Adele, che però avevo già. Alla fine siamo diventati quasi amici.»

«Un bagarino.»

«Esatto, uno di quelli. Ma sta al chiuso visto che in California, gli *scalpers*, come li chiamano loro, per strada, li arrestano. Tu invece, non mi hai ancora risposto. Dove stai andando?»

«A Las Vegas, con l'altro Guidone, che adesso vive lì perché lavora al sistema informatico di una grossa catena alberghiera, Geppo e il Targa, che sono già nel Nevada per festeggiare l'anniversario del nostro primo viaggio in America tutti insieme, nel 1984.»

«Dalla formazione che mi hai raccontato, siete belli e pronti per *Una notte da leoni 4*.»

«Magari! Una volta forse sì, adesso birra, roulette e un sacco di cazzate, credimi… E poi, Mike Tyson non mi ha risposto al cellulare.»

«Che coincidenza» era spuntato Massimo «anch'io

vado a Las Vegas. La mia azienda produce spettacoli coi fuochi d'artificio, siamo tra i migliori al mondo e per Capodanno ne abbiamo uno fantastico. Devo pianificarlo con gli ingegneri del resort.»

«Beh, interessante, ma lo fate tutti gli anni, intendo di fornire i fuochi agli hotel della città?»

«Gli ultimi trenta Capodanni sono stati nostri. Ovviamente non sono venuto sempre io, ma sì, siamo i più bravi del settore, quindi continuano a chiamarci.»

«Pensate che a Las Vegas» avevo allora proseguito io tanto per legarci al discorso LeBron «da qualche stagione sono arrivati i Raiders di football e i Golden Knights di hockey e oramai è quasi sicuro che la NBA o aprirà presto una nuova franchigia o ne sposterà una delle due o tre che, per vari motivi, hanno problemi di impianti. In questi anni, hanno studiato le altre leghe e visti i loro risultati economici, si sono convinti che avere una squadra nella città del vizio non sia più un tabù così difficile da superare.»

«Scusi, Guido» aveva domandato Mister Fuochi d'artificio «e James potrebbe entrarci, in qualche modo?»

«Sì certo, e anche molto, perché Vegas potrebbe riguardare il suo futuro, quando, chissà fra quanto tempo, deciderà di appendere le sue Nike al chiodo. Di sicuro rimarrà nel mondo dello sport, ma certamente non con un ruolo attivo sul campo, tipo allenatore, agente o general manager. LeBron è destinato a diventare un businessman di grande successo, investendo in club, non necessariamente di basket, cosa che, tra l'altro, ha già iniziato a fare. Secondo una serie di report ufficiali, infatti, possiede, tra le altre cose, il 2 per cento del Liverpool ed è anche azionista dei Boston Red Sox. Se avesse potuto, avrebbe sicuramente già messo dei soldi anche in una franchigia NBA, come aveva fatto Michael Jordan con Charlotte, poco dopo aver smesso di giocare. Ma per regolamento, la lega lo impedisce a giocatori e allenatori ancora in attività.»

«Quindi Las Vegas» aveva subito insinuato Mario.

«Potrebbe essere una possibilità tra le tante che gli si apriranno al momento del suo ritiro. Per adesso, sono parecchi i gruppi che vorrebbero mettere le mani su quella che sarà sì la franchigia più cara della storia della NBA, ma promette anche di risultare una vera e propria miniera d'oro per chi riuscirà a prendersela, sborsando miliardi e LeBron, grazie al suo enorme appeal, potrebbe giocare una parte decisiva nella scelta da parte della NBA di un gruppo pretendente, piuttosto che di un altro, con la sua presenza nel board.»

«Lui che è già da tempo una specie di piccola industria» aveva sottolineato Massimo.

«Toglierei pure il "piccola", riduttivo in tutti i sensi per lui e il suo clan. Intanto, diciamo che già da un bel pezzo ha superato il miliardo di guadagni percepiti in carriera, mettendo la freccia, salutando e superando calciatori, tennisti e piloti di Formula Uno. Ovviamente questi numeri, che mentre stiamo parlando continuano ad aumentare in maniera esponenziale, non gli derivano solo dal contratto con i Lakers, che per altro è stato rinnovato di recente, raggiungendo una cifra record di centoquattro milioni per le prossime due stagioni, ma dai major sponsor che si porta dietro da parecchi anni. E fino a qui, abbiamo parlato solo di quello che lui fa per gli altri, nel senso di venir pagato per un suo canestro, un suo gesto, una sua presenza. Ciò che invece, in prospettiva, impressiona di LeBron, sono i suoi investimenti attuali e futuri e le loro proiezioni. Le cifre implicate fanno davvero impallidire anche quello che due giocatori afroamericani come Magic e Jordan, hanno messo in piedi, una volta terminato di giocare. Loro hanno aperto una via, LeBron sta costruendo un'autostrada.»

«Evidentemente è stato consigliato bene, sin da subito.»

Federico era rimasto in silenzio fino a quel momento, ma non si era perso una parola, e, da ragazzo molto sveglio qual è, era andato alla radice del fenomeno economico.

«In realtà, molto era già cambiato con l'arrivo di Rich Paul nella sua vita. All'inizio era partito tutto come un'amicizia, quasi casuale, tra due ragazzi cresciuti nella stessa zona. Poi, con l'andar del tempo, Paul, persona riconosciuta tra le più intelligenti e abili nel mondo del management sportivo, aveva capito il potenziale di LeBron a trecentosessanta gradi, proponendogli di formare insieme una società che potesse gestire le tantissime proposte in arrivo. Da lì, il licenziare lo storico agente Leon Rose, con il quale, tra l'altro, Paul aveva mosso i primi passi, era stata una mossa estremamente rapida. Era il 2012, i due avevano cominciato a crescere tantissimo insieme, basando molto sulla serietà e la credibilità, non solo dell'agente, ma anche del procuratore, dell'uomo a tutto tondo. E con questo, torniamo al discorso della vita extra basket di LeBron e di come si sia gestito benissimo da sempre anche in quell'aspetto.»

«Che per uno che viene dalla povertà più assoluta, non è la cosa più facile da fare» aveva proseguito Mario.

«Tanti campioni, infatti, non solo nel basket ma anche nel nostro calcio, hanno pensato poco, durante la carriera, all'immagine proiettata nel loro futuro, offuscandola con mille situazioni che con lo sport hanno poco a che fare. E alla fine, anche perché un Rich Paul dietro casa non lo si trova tutti i giorni, hanno finito col buttare al vento tante occasioni importanti, chiudendo magari in bellezza, ma senza aver mai creato nulla per il dopo. Per LBJ è diverso e lo è sempre stato. D'altra parte, trovatemi un altro atleta che investe, di tasca sua, un milione e mezzo di dollari per quello che vi ho già descritto come un gruppo di lavoro a tutti gli effetti, quasi fosse una scuderia di Formula Uno.»

«Forse Ronaldo?» aveva azzardato Niccolò.

«Ci sta, almeno da quanto si legge e da come lo si vede, in forma perfetta e quasi coetaneo di James. Anche lui cura il prodotto per poi poterlo vendere con credibilità anche in futuro.»

30

Il nostro volo-simposio sul più grande giocatore attualmente in attività stava volgendo al termine. Mentre guardavo fuori dal finestrino le Montagne Rocciose che lasciavano spazio alla lunga pianura desertica, dopo la quale saremmo scesi su Los Angeles, stavo riflettendo su come, con i tempi che si stavano modificando rapidamente (*Sign o' the Times*, per usare il titolo di un successo di Prince) anche la percezione della gente comune nei confronti dei grandi campioni fosse molto cambiata. Se infatti, nonostante il loro status di superstar, personaggi come Jordan, Magic e Kobe, nel loro periodo di massimo splendore, erano in qualche modo ancora avvicinabili e se vogliamo addirittura frequentabili, come raccontavo al mio gruppo d'ascolto, con il passare degli anni tutto questo era mutato e non certo in meglio. Non per colpa dell'atleta come tale, ma per il sistema che gli gira attorno, oramai uguale, se non addirittura più forzato, a quello di una star della musica o del cinema. Tanto per fare un esempio, nelle loro estati italiane, quando ancora erano in piena attività, Jordan e gli altri campioni NBA venivano da noi trattati come dei re con tutti i servizi possibili e immaginabili, ma, nonostante tutto questo, non era difficile trovarli a cena in trattoria, a spasso per via Montenapoleone o al Colosseo con la famiglia e senza un cordone di sicurezza che li separasse dal mondo reale. Sicuramente, qualcuno di voi che sta leggendo queste pagine avrà ancora, conservato come una reliquia, qualche selfie con Magic a Positano o con Jordan a Portofino, per non parlare dei mille scatti che Kobe concedeva a tutti durante le sue incursioni italiane. Adesso, invece, è tutto spostato su un'altra dimensione, quella da anni implementata dallo show business più spietato, quella che se Madonna viene in Italia e va a cena a Portofino, nemmeno il proprietario del ristorante dove ha mangiato può osare chiederle un selfie. Nessuno, ma proprio nessuno può provare ad avvicinarsi. La security impedisce ogni tipo di interazione col mondo reale, che poi è quello dei trenta centimetri poco più in là. D'accordo che il mondo è cambiato, ma se anche nello sport, e non solo nel calcio, siamo arrivati a questo tipo di assurdo, forse qualcosa è andato storto. Quest'estate, dopo aver vinto la quinta medaglia d'oro consecutiva del basket alle Olimpiadi per gli USA, un gruppo di giocatori americani si è spostato a Saint-Tropez, per qualche giorno di vacanza, in barca. Capitanati da Durant e Booker, ogni tanto, scendevano a terra, se non altro per capire e vedere cosa ci fosse intorno a loro, a parte il lussuoso yacht che li ospitava. Bene, in spiaggia come al ristorante, la loro security era simile, se non superiore, a quella di un presidente del Consiglio o di una vera e propria star di Hollywood e questo anche se, come spesso accade in Costa Azzurra, pochi erano realmente interessati ai personaggi che si erano trovati davanti o forse, addirittura, non sapevano neanche chi fossero.

Con gli altri che sembravano riposarsi, riflettevo su tutto questo, pensando, ovviamente a LeBron e a quanto sia, anche lui, un qualcosa che oramai la gente, gli appassionati e i fan idolatrano, ma percepiscono come un extraterrestre praticamente irraggiungibile. Messi, Mbappé, Ronaldo, Hamilton e ovviamente LeBron sono oramai vissuti come capolavori, meravigliosi da osservare, compiacendosi di averlo fatto, ma intoccabili e inavvicinabili, un po' come la Gioconda al Louvre, visibile a dieci metri di distanza, protetta da un vetro antiproiettile. Avrei voluto condividere questi ragionamenti con i miei amici, ma oramai rimanevano poco meno di due ore all'atterraggio e c'erano ancora da raccontare tante cose su James e le sue stagioni successive a Los Angeles che Federico, ripresosi dalla breve dormita prima degli altri, voleva conoscere: «E dopo quello strano campionato che cosa è successo a LeBron e ai Lakers? Perché non sono più riusciti a tornare al vertice, come tutti pensavano potessero fare?».

«I motivi sono tanti» gli avevo risposto «diversi per ogni annata venuta dopo la bolla. Uno però, più degli altri, è quello che salta subito all'occhio, sin dalla stagione successiva al titolo: gli infortuni. I Lakers, che nel 2021 non erano sicuramente una squadra vecchia ma neppure con i giocatori principali diciamo freschissimi, erano subito incappati in un anno terribile, dal lato fisico. Nonostante un buon record, in una stagione regolare che era, ovviamente, iniziata in ritardo e infarcita di back to back per recuperare il tempo perduto, quello che gli americani chiamano *Injury toll*, il pedaggio infortuni, si era fatto presto sentire. Los Angeles aveva visto perdere per strada, uno dopo l'altro, i pezzi più pregiati del roster. James era rimasto ai box per una trentina di partite, ritornando in campo praticamente poco prima della post-season. Quasi contemporaneamente, Davis era finito fuori per nove settimane, per un problema al polpaccio. Anche Schröder, allora play titolare, aveva avuto guai fisici. Insomma, in pochi attimi, i Lakers erano passati da squadra da finale, a doversi giocare addirittura i play-in. Tutto questo, come detto, a causa della condizione fisica delle loro star "mature", che più di altri avevano pagato un calendario folle come quello di quel biennio.

Con queste prospettive, la stagione, pur ritrovando una formazione finalmente al completo, era finita male, con l'eliminazione al primo turno da parte di Phoenix. Per LeBron, che pur non essendo quello dominante di qualche mese prima a Orlando, si era comunque preso la squadra sulle spalle, era arrivato un altro smacco, qualcosa che non si aspettava proprio, superconvinto che dopo la sua prima vittoria in gialloviola, con lui al centro, sarebbe potuto iniziare un altro capitolo della dinastia losangelina.»

«Non che quella successiva» aveva quindi ironizzato Massimo «fosse poi andata… molto meglio.»

Aveva ragione: «In effetti, l'anno dopo era stato anche peggio, con tutti, ma proprio tutti, che vedevano i Lakers come grandi favoriti per riprendersi l'anello.

L'arrivo di Russell Westbrook e Carmelo Anthony aveva illuso un ambiente che, invece, aveva commesso un errore di valutazione: una squadra già zeppa di veterani aveva bisogno di tutto tranne che di due stelle in parabola discendente. E così, nonostante una stagione da record per il Prescelto, Los Angeles era andata verso sud, sin dalle prime uscite. Squadra sbagliata, nel momento sbagliato e, per la seconda volta in carriera, niente playoff per LeBron. Tutto da rifare, quindi, iniziando dal licenziamento di Frank Vogel, il coach che solo due anni prima aveva portato i Lakers al loro diciassettesimo titolo. Il club era entrato in una specie di vortice maledetto che né la supremazia in campo di LBJ, né le qualità di Rob Pelinka dietro la scrivania sembravano poter interrompere. Con Davis più rotto che sano, Westbrook talentuoso ma fuori dal coro come non mai, Anthony oramai al capolinea della carriera e senza un play che si potesse definire tale, tutti, alla fine, avevano capito che, come con Cleveland al suo primo giro, LeBron, per giunta con quindici anni in più nelle gambe, non avrebbe potuto fare tutto da solo».

31

Al di là delle ultime annate decisamente sopra il par dei Lakers, con la porta girevole del mercato attraversata troppo spesso da comprimari bocciati, che avevano lasciato spazio a nuovi candidati pronti a mettersi a disposizione del duo James-Davis, per cercare invano di tornare a primeggiare, il discorso era inevitabilmente ritornato al punto di partenza. LeBron è o non è da annoverare tra i migliori giocatori di tutti i tempi? E ancora, spingendoci più avanti, è possibile considerarlo come il migliore di sempre? Chiaramente, una discussione di questo tipo, fatta dovunque e con chiunque, non avrà mai la riprova di quello che ne può venir fuori, semplicemente perché lui e gli altri quattro non potranno mai essere confrontati direttamente, per il giudizio definitivo. Alcuni di loro hanno giocato uno contro l'altro per qualche stagione, ma sempre in momenti della loro carriera molto diversi. Quando Kobe, tanto per fare un esempio, era arrivato nella lega, nel 1996, Jordan era nel suo prime assoluto. Giusto il tempo, per Bryant, di crescere e diventare il giocatore che tutti abbiamo conosciuto, che MJ era già in una prevedibile parabola discendente. E il medesimo discorso lo potremmo fare anche per lo stesso Mamba nei confronti di LeBron, e così sarà per il suo prossimo successore, che verrà fuori dal gruppo di giovani stelle che si stanno imponendo in queste ultime stagioni. È forse impossibile, quindi, eleggere, così a secco, il GOAT della pallacanestro NBA, che, come tutti gli sport di squadra, privilegia sì il singolo, la superstar, ma non senza far emergere l'importanza di chi gli sta attorno e ne fa la fortuna.

«Secondo me» aveva ripreso Mario «alla fine contano le vittorie, più di ogni altra cosa. I titoli vinti, rispetto a tutto il resto, ma soprattutto quante finali hai portato a casa, rispetto a quelle che hai giocato.»

«Beh» gli aveva risposto Massimo «allora, con questi parametri, è facilissimo dire che Jordan è stato il migliore. Sei finali, sei anelli, punto. Non dovremmo avere nessun dubbio.»

«Ma Jordan ha vinto davvero così tanto?» aveva chiesto Niccolò. «Non me lo ricordavo proprio.»

«O forse» aveva insinuato Federico in modo scherzoso «non lo sapevi nemmeno. Come dice spesso mio papà, tutti conoscono tutto di quello che succede in quel momento, ma basta andare avanti di qualche anno e lo stesso tutto viene dimenticato.»

Non potevo essere più d'accordo: «Vero! E l'esempio che faccio spesso, quando salta fuori un discorso del genere, riguarda proprio Jordan che, come avevamo già detto, molti credono sia solo una marca di scarpe. Se ci pensate è assurdo, visto che stiamo parlando di uno che ha letteralmente cambiato il mondo della pallacanestro, sia in campo, che fuori. Possiamo dire tutto quello che volete, ma che la gente, in generale, non sappia chi sia, vent'anni dopo il suo ritiro, fa impressione».

«Alcuni miei compagni» aveva rimarcato Federico ricordando il suo stesso commento poco dopo il decollo «non lo conoscono proprio come giocatore.»

«E che giocatore» avevo aggiunto. «Se è così per lui, pensa allora quanto velocemente sono stati dimenticati nomi come Iverson, McGrady, Hardaway, che hanno tutti fatto salire il gioco di qualche gradino. Nessuno si ricorda più di loro. Evidentemente, però, il mondo gira in questo modo, oramai tutto si crea e tutto si distrugge in pochi attimi. Proprio per questo il discorso su Jordan fa ancora più impressione. La sua immagine avrebbe dovuto rimanere vivida non solo per come è stato in campo e per aver reiventato il basket, ma anche per tutto il resto. E, invece, due che giocano, come voi, non sapevano neppure quanto avesse vinto…»

«No, no» si era opposto Federico «io conosco la sua storia, è Niccolò che aveva dei dubbi. Guardi, signor Guido, la voglio sorprendere: MJ ha terminato la sua carriera con la maglia di Washington. Vero?»

L'espressione di Federico aveva la fierezza di uno che sa di aver detto la cosa giusta al momento giusto.

«Esatto, anche se non si può certo dire che Michael abbia finito in bellezza, cosa rara per uno che nella sua vita da giocatore, grazie anche al suo innato senso delle cose, ha sbagliato davvero poco, e non mi riferisco solo a tiri o sottomano. Quella dei Wizards è stata una sua scelta, senza aver ascoltato nessuno, che si è rivelata sbagliata. La squadra della capitale, povera di talento, ha ovattato la sua uscita di scena, che sarebbe stata molto più glamour in maglia Bulls.»

«Scusate» aveva virato Mario, che sembrava non voler più ritornare al suo posto «visto che fra poco atterreremo e mi cacceranno da qui, vorrei tornare là dietro con la certezza di chi sia, o chi sia stato, il migliore di sempre.»

«Allora» gli avevo risposto «*to make a long story short*, come dicono gli anglosassoni. Insomma, per farla breve, vi riassumo cosa ha detto di recente, su questo tema, Isiah Thomas, uno che ha vinto due titoli NBA con Detroit, da leader vero, anche se poi, come raccontavamo prima, è finito anche lui nel tritacarne della memoria corta del mondo odierno. Mi sono piaciute talmente tanto le sue parole su LBJ, che me le sono segnate sul cellulare. Eccole: "LeBron è in cima a tutte le categorie statistiche, ha superato, oramai da tempo, Jabbar come punti segnati in carriera, diventando il primo della lega per distanza, avendo poi anche stabilito il record di punti nei playoff. Ha inoltre messo la freccia anche nei miei confronti e quelli di Magic, in materia di assist, un qualcosa che credo di conoscere bene. Quindi, raccogliendo insieme punti, assist e rimbalzi, non c'è mai stato un giocatore, nella storia della lega con delle cifre simili. Siccome i numeri non mentono, ognuno può avere il suo preferito, ma LeBron è il miglior giocatore di pallacanestro di sempre. Punto."»

32

C'eravamo abituati alla presenza del pilota e trovavamo la sua voce familiare, anche quando, dalla cabina, dava le informazioni di servizio. Le ultime: «Gentili passeggeri è il vostro primo ufficiale che vi parla. Fra poco meno di mezz'ora atterreremo all'aeroporto di Los Angeles. Il tempo a terra, come vi avevo già comunicato, è sereno, con una temperatura di ventisei gradi Celsius. E visto che il nostro volo è in perfetto orario, mi permetto di darvi un consiglio: con il pomeriggio ancora tutto a vostra disposizione, perché non andare subito in spiaggia? Magari a Venice, dove, se vi piace il basket, potrete sgranchirvi le gambe con una partitella, in uno dei playground più famosi al mondo. Se vi piace l'idea, mi troverete da quelle parti. Il pallone ce l'ho in valigia, mi basterà gonfiarlo. Questo messaggio, in particolare, è per il gruppo di appassionati di pallacanestro a bordo del nostro volo».

«Il playground di Venice!» aveva quasi urlato Niccolò. «L'ho visto in un sacco di telefilm. È attaccato al Gold's Gym, la palestra all'aperto dove si allenava Schwarzenegger.»

Il nostro amico pilota aveva fatto un annuncio decisamente particolare, ma anche molto simpatico, ripetendolo poi anche in inglese. L'idea di andare subito a fare due tiri non era affatto male, ma purtroppo, almeno io, avevo già il pomeriggio interamente occupato, quindi non avrei potuto rispondere all'appello. Con Halloween il giorno seguente e con i miei amici che mi aspettavano a casa per finire gli ultimi dettagli della festa che avrebbero dato nel loro giardino, non mi sembrava il massimo cambiare programma e presentarmi a casa in serata, tra l'altro stanco e sudato. Massimo, invece, aveva la coincidenza per Las Vegas che lo stava aspettando, mentre Federico e Niccolò si sarebbero incontrati già al Terminal con i loro tutor, che li avrebbero aiutati nelle loro prime giornate losangeline. Quanto a Mario invece, anche se non poteva confermarmelo, vista la sua distanza di posto, ero sicuro che non avesse bisogno di ascoltare il suggerimento del primo ufficiale, perché lui, in qualsiasi playground del mondo, era di casa.

Mentre l'aereo tirava fuori il carrello, io avevo cominciato a programmare come sarebbe stata la mia giornata successiva, che prevedeva alla mattina l'intervista con LeBron, che non avrebbe dovuto superare i quindici minuti, e poi il trasferimento verso downtown, direzione Crypto.com Arena. Il pensiero, al di là della superpartita che mi aspettava, era ovviamente tutto per LeBron e Bronny. Avrebbero giocato insieme? Come avevamo già discusso poco prima, durante tutta l'estate, partendo dalla Summer League di Las Vegas, praticamente tutti avevano detto la loro sulla decisione dei Lakers di scegliere al draft il primogenito di LBJ e di dargli poi, cosa abbastanza inusuale per un giocatore chiamato tardi al secondo giro, il massimo contrattuale garantito. Ovviamente il mondo aveva speculato sul fatto che mai nessuno, soprattutto dopo una lega estiva non certo da protagonista, avrebbe mai ottenuto qualcosa di simile senza quel cognome sulla carta d'identità, lasciandosi poi andare a una vera e propria valanga di meme, spesso anche troppo acidi e pesanti e tutt'altro che divertenti. Anche per questo, nei mesi successivi, James aveva giustamente chiuso le tende su qualsiasi cosa riguardasse la sua vita, ma soprattutto quella di suo figlio. In questo modo, era riuscito a raffreddare la situazione, tanto che, al primo giorno di ritiro, la notizia delle notizie non era quasi più tale. Poi, ovviamente, non appena c'era stato il primo scrimmage aperto alla stampa e la prima amichevole dei Lakers, tutto era tornato come all'inizio dell'estate, con i media locali che non sapevano più se dare maggior spazio alla straordinaria stagione del giapponese Ohtani, stella dei Dodgers nel baseball, o alla favola dei James. Quella che avrei visto la sera successiva, quindi, sarebbe stata anche, tra le altre cose, la prima di una lunga striscia di partite casalinghe dei Lakers, che avrebbe portato il Prescelto dritto dritto a celebrare il suo quarantesimo compleanno di fronte al suo pubblico e con suo figlio a fianco. Un sogno per ogni padre, figuratevi per lui, che una figura paterna, come abbiamo già detto, non l'ha praticamente mai avuta. Avrebbe mostrato al mondo intero che il suo modo di essere il migliore di sempre passava anche dal concetto di aver cresciuto, assieme a Savannah, una famiglia meravigliosa, con una parte della stessa che sarebbe stata lì sul parquet, al suo fianco. Il concetto di famiglia, esattamente come quella che aveva avuto attorno a sé Kobe Bryant, il suo idolo giovanile, che aveva cercato di imitare, dentro e fuori dal campo.

L'aereo aveva toccato terra. Mi restavano pochi minuti da passare coi miei due giovani compagni di viaggio ed ero ancora curioso sul loro futuro prossimo. «Ragazzi, e voi, domani, sapete già cosa avrete da fare? Nel programma che vi hanno dato è già tutto dettagliato, oppure non vi hanno ancora detto nulla di specifico?»

«In realtà» aveva risposto Federico «sappiamo che oggi ci portano a conoscere le famiglie dove alloggeremo e poi, domani mattina, andremo a scuola, per le presentazioni. Per il resto, onestamente, non abbiamo idea. Perché ce lo chiede, signor Guido?»

«Mah...» avevo anticipato la risposta standо apposto sul vago «perché, volendo ben vedere, io due biglietti in più per la partita di domani li avrei. Li avevo chiesti al commissioner per i miei amici di Los Angeles, ma vista la concomitanza con la festa che andranno a organizzare, penso proprio che non potranno venire, quindi, se volete...»

Avevo concluso, mostrando loro il QR-code sul mio cellulare. «Sembrano degli ottimi posti, magari non in prima fila, ma...»

Niccolò e Federico erano rimasti in silenzio. Si erano guardati negli occhi per un bel po' di tempo, senza aprire bocca, con uno sguardo incredulo, e un misto di felicità e imbarazzo, che mi suggeriva di riprendere la parola: «Guardate che non vi ho proposto di andare in panchina con i Lakers, non è di questo che domani parlerò con LBJ».

«E Mario? Non glieli aveva chiesti prima lui?»

«Non preoccupatevi, non c'è problema. Appena sceso dall'aereo incontrerà gli altri del gruppo e sarà già con la testa sullo Strip di Vegas.»

«Ma, signor Guido...» avevano poi continuato, quasi all'unisono «ci sta facendo il regalo più incredibile che potevamo immaginare, grazie infinite. Solo che non sappiamo se con la scuola ce la faremo.»

«Certo, capisco, ma facciamo così. Fatemi chiamare al volo Simone Giofrè e sentiamo cosa dice e se, nel caso, può fare lui da intermediario con la vostra high school e capire se vi possono affidare alle mie cure.»

«Sì, sì» concordava Federico «credo sia la soluzione migliore. Poi, nel caso non potessimo venire, una maglietta dei Lakers, di quelle vere da allenamento, quella ce la riesce a far avere, vero?»

«Di LBJ o di Bronny?» avevo chiesto, ovviamente scherzando.

«Facciamo di entrambi» avevano replicato in coro. «Magari anche firmata con dedica... Da lei ci aspettiamo i miracoli.»

«Quelli, semmai, li fa il Prescelto» avevo concluso «quindi... non si sa mai. Domani chissà potrebbe apparirvi in stanza con le magliette sotto il braccio.»

Su quelle ultime parole era venuto il momento di salutare anche gli altri, a partire dal primo ufficiale che in piedi, davanti alla porta, mi stava tendendo la mano: «Arrivederci signor Bagatta, ci vediamo in qualche playground».

«Ci conti.»

«Io ci sono» aveva garantito Mario, arrivando da dietro.

«Grazie del bel racconto, Guido» aveva poi detto Massimo scendendo. «È stato un volo piacevolissimo.»

«Ma figurati» avevo risposto imboccando il finger «grazie a voi e alla pallacanestro, uno sport davvero speciale, capace di generare cose e situazioni altrettanto speciali, come quella che abbia appena vissuto tutti insieme.»

Finito di stampare nel mese di ottobre 2024
per conto di RCS MediaGroup S.p.A.,
da Rotolito S.p.A., Via Sondrio, 3, Pioltello (Milano)
Printed in Italy